Christliches Hausbuch 2024

Christliches Hausbuch 2024

benno

Januar

Mo	1	Neujahr, Gottesmutter Maria	Wilhelm von Dijon, Cajus (Kai), Heinrich (Henry), Hugo
Di	2	CH: Berchtoldstag	Gregor von Nazianz, Basilius der Große, Dietmar von Prag
Mi	3		Adele von Pfalzel, Irmina (Irma) von Öhren, Odilo von Cluny
Do	4		Angela von Foligno, Marius, Roger (Rüdiger), Christiana von Lucca
Fr	5		Eduard der Bekenner, Ämiliana (Emilie), Tatjana (Tanja)
Sa	6	Erscheinung des Herrn	Kaspar, Melchior, Balthasar, Gertrud von Traunkirchen, Pia
So	7	Taufe des Herrn	Raimund von Peñafort, Valentin von Rätien, Lucian von Antiochia
Mo	8		Severin von Noricum, Erhard von Regensburg, Gudrun von Brüssel
Di	9		Julian von Antinoë, Eberhard von Schäftlarn, Alix (Alice) Le Clerc
Mi	10		Gregor X., Paulus v. Theben, Adrian v. Canterbury, Wilhelm v. Donjeon
Do	11		Paulinus v. Aquileja, Theodosius d. Gr., Lucius der Bekenner
Fr	12		Tatiana von Rom (Tanja), Hilde von Salzburg, Ernestus (Ernst)
Sa	13		Ivette v. Huy (Jutta), Gottfried v. Kappenberg, Hilmar v. Tournai
So	14	2. So. im Jahreskreis	Felix v. Nola, Berno, Christiana von Georgien, Reiner v. Arnsberg
Mo	15		Arnold Janssen, Anton von Ilbenstadt, Konrad II., Micha
Di	16		Marzellus I., Ulrich von Blücher, Tillo von Solignac (Thilo)
Mi	17		Antonius d. Einsiedler, Beatrix v. Cappenberg, Rosalina, Julian
Do	18		Margarete von Ungarn, Priska (Priscilla), Beatrix II. von Este
Fr	19		Marius und Martha, Heinrich v. Uppsala (Henrik), Pia v. Karthago
Sa	20		Fabian, Sebastian, Ursula Haider, Elisabeth von Füssenich
So	21	3. So. im Jahreskreis	Agnes v. Rom, Meinrad v. Einsiedeln, Alban Bartholomäus Roe
Mo	22		Vinzenz von Saragossa, Laura Vicuña, Irene von Rom, Walter
Di	23		Heinrich Seuse (Heiko), Hartmut von St. Gallen, Nikolaus Groß
Mi	24		Franz von Sales, Arno von Salzburg, Vera von Clermont, Eberhard
Do	25		Bekehrung des Apostels Paulus, Wolfram, Titus Maria Horten
Fr	26		Timotheus und Titus, Paula von Rom, Albert v. Cîteaux
Sa	27		Angela Merici, Paul Josef Nardini, Julian von Le Mans, Gerhard
So	28	4. So. im Jahreskreis	Thomas von Aquin, Karl der Große, Manfred von Riva
Mo	29		Sabina von Troyes, Josef Freinademetz, Valerius von Trier
Di	30		Martina, Diethild, Serena von Spoleto, Maria Ward
Mi	31		Johannes Bosco, Marcella, Hemma (Emma), Eusebius v. Viktorsberg

Neue Wege gehen

P. THOMAS HECK SVD

Ein neues Jahr

Rückblick – Vorausschau

An Neujahr feiern wir gemeinsam Geburtstag, unser gemeinsames Geborenwerden in ein neues Jahr hinein. Frühjahr, Sommer, Herbst und Winter [...], zwölf Monate, 365 Tage, verabschieden wir, um uns dem Geschenk eines neuen Jahres zuzuwenden. Dabei ist es sicher nicht so, dass wir [das alte Jahr] wie ein altmodisch gewordenes Kleidungsstück abstreifen, um es in die Ecke zu werfen oder zur Altkleidersammlung zu geben. Das Jahr gehört zu uns, es lebt in uns weiter mit all den Erfahrungen, die es für uns bereithielt, den guten und schlechten, den erfreulichen und traurigen.
Auch im [neuen] Jahr werden wir viele Erfahrungen machen können. Manche überraschend, manche vorhersehbar, Zeichen der Liebe und Zeichen der Feindschaft, manches wird uns zufrieden stimmen, anderes aufregen, manches wird uns gelingen, anderes misslingen.
Mit welcher Stimmung gehen Sie ins neue Jahr? Sagen Sie sich vielleicht: „Neues oder altes Jahr, es geht ja doch so weiter wie bisher“? Erschreckt Sie womöglich das neue Jahr, weil es Ihnen deutlich macht, wie die Zeit verrinnt? Haben Sie Angst davor, was Ihnen dieses Jahr bringt oder dass Sie wieder älter werden? Oder sind Sie gespannt auf die Erfahrungen, die Ihnen die nächsten 365 Tage bieten werden? Sind Sie neugierig auf neue Möglichkeiten, die sich auftun werden? Auf Begegnungen mit Menschen, die Sie kennenlernen werden? Sind Sie gespannt darauf, was Gott in dem vor uns liegenden Jahr wirken wird?

1. JANUAR – NEUJAHR – HOCHFEST DER GOTTESMUTTER MARIA

Der 1. Januar als Beginn des Jahres fällt mit dem 8. Tag (Oktav kommt vom lateinischen octo, acht) nach Weihnachten, dem Oktavtag, zusammen. Der Oktavtag großer Feste wurde schon sehr früh gefeiert. Als die Marienfeste noch nicht so ausdifferenziert waren, wurde in Rom der 1. Januar als zentraler Gedenktag der Mutter Jesu begangen. Das Lukasevangelium berichtet, dass Jesus am 8. Tag wie andere jüdische Knaben beschnitten wurde. Der 8. Tag kommt durch die jüdische Zählung zustande, die auch den ersten Tag, von dem aus gerechnet wird, mitzählt.

P. Eckhard Bieger SJ

Wie Maria

Wer könnte uns besser in einer positiven Einstellung für das kommende Jahr unterstützen als die Frau, die nicht nur ihr nächstes Jahr in Gottes Hand gelegt hat, sondern ihr ganzes Leben. Mit allen Jahren ihres Lebens hat sie sich dem anvertraut, von dem sie zutiefst überzeugt war, dass er sie zur Fülle des Lebens führt. Auch wenn das manchen Schmerz und manche Unbequemlichkeit mit einschloss. Elisabet sagte über ihre Cousine Maria: „Selig ist die, die geglaubt hat, dass sich erfüllt, was der Herr ihr sagen ließ" (Lk 1,45). Und Maria selbst singt in dem Lied, das durch ihr ganzes Leben klingt, auch durch die schweren Zeiten hindurch: „O, wie ich den Herrn preise. Wie ich mich über Gott, meinen Retter, freue! Denn er schenkte seiner Dienerin Beachtung, und nun wird eine Generation nach der anderen mich glücklich schätzen" (Neues-Leben-Übersetzung).
Maria lädt auch uns an diesem ersten Tag des neuen Jahres dazu ein, es ihr gleichzutun, nämlich dieses anbrechende Jahr und vielleicht sogar alle Jahre, die uns geschenkt werden, in Gottes Hände zu legen in dem Vertrauen, dass er uns reich macht. Nicht an materiellen und vergänglichen Dingen, sondern an inneren Erfahrungen, an Freude und Einsicht in die Geheimnisse des Lebens. Es wird nicht immer der leichte und gefällige Weg sein, den er uns führt. Aber es ist der Weg, der uns befähigen wird, mehr und mehr seine Liebe zu erfassen, in uns zu tragen und auszuteilen.

MANFRED BECKER-HUBERTI

Eine magische Karriere – die Heiligen Drei Könige

Nur der Evangelist Matthäus erzählt (2,1–16) von Magiern (griech. magoi), medisch-persischen Priestern bzw. Astrologen, die einen Stern gesehen haben, dem sie bis nach Jerusalem und dann nach Betlehem gefolgt sind. Über Herkunft, Anzahl und Namen dieser Magier schweigt sich Matthäus aus. Aber schon Origenes (um 185–254) schließt von den drei Geschenken Gold, Weihrauch und Myrrhe auf drei Magier. Tertullian (um 160–220) verknüpft die Erscheinung der Magier mit der alttestamentlichen Prophezeiung (Jes 60,3; Ps 72,10): „Könige von Tarschisch, Saba und Scheba bringen Geschenke." Seit Caesarius von Arles (469–542) gelten die Magier als Könige. Auch Namen für die drei entstehen sehr früh: Das aus dem 6. Jahrhundert stammende Mosaik in Ravenna S. Apollinare Nuovo listet auf: Der älteste heißt Caspar (persisch: Schatzmeister), der mittlere Balthasar (= Lichtkönig), der jüngste Melchior (= Gottesschutz). Keiner der drei besitzt eine schwarze Hautfarbe. Einer davon, zunächst überwiegend Kaspar, später aber Melchior, wurde zum Mohren und Vornehmsten der drei. Seit Beda Venerabilis (674–735) repräsentieren die Drei Könige zusätzlich die drei Lebensalter: Jüngling, Mann „in den besten Jahren" und Greis. Die Drei Könige versinnbildlichen darüber hinaus die drei damals bekannten Kontinente: Europa, Asien und Afrika. Hierzu passen die Reittiere, die ihnen beigestellt werden: Pferd, Kamel und Elefant.

Ihre Reliquien gelangten über Konstantinopel und Mailand nach Köln. Hier wurde 1180–1225 für die Reliquien ein kostbarer Schrein angefertigt. Die Reliquien wurden 1248 Anlass zum Bau des berühmten gotischen Kölner Doms.

Tipp von Sr. Hedwig

MARIENDISTEL

Nach einer feuchtfröhlichen Nacht tut der Tee der Mariendistel recht gut und unterstützt den Körper bei der Entgiftung. Die leberschützende Wirkung der Mariendistel ist durch wissenschaftliche Studien belegt.

Mariendistel kann man als Tee oder in Fertigpräparaten anwenden. Für einen Mariendisteltee übergießt man ein bis zwei Teelöffel Mariendistelsamen mit einer Tasse kochendem Wasser. Den Aufguss lässt man zehn Minuten ziehen. Anschließend abseihen und in kleinen Schlucken trinken.

Zur Anregung der Funktionen von Leber und Galle sowie bei leichten Störungen wird Mariendistel gern angewendet. Auch bei leichten Verdauungsbeschwerden können zwei bis drei Tassen täglich getrunken werden. Sie regen die Verdauung an.

Die Mariendistel ist in Südeuropa, Kleinasien und Nordafrika heimisch. In Mitteleuropa wird sie in Gärten und Kulturen angebaut. Sie wächst bevorzugt in warmen Gegenden an trockenen Plätzen.

ELISABETH BLASS

Gedanken zum neuen Jahr

Herr, in Deine guten Hände
leg' ich Anfang, leg' ich Ende,
dieses ganze neue Jahr,
das, was kommt und was schon war.

Stärke uns mit Deinem Segen,
sei in jeder Not zugegen.
Berühre tröstend jedes Herz,
steh uns bei in uns'rem Schmerz.

Lehre uns die Dankbarkeit
und dass wir auch in Dunkelheit
Deine Gegenwart erkennen,
liebend Deinen Namen nennen.

Unter Deinem starken Schilde,
Deiner Gnade, Deiner Milde
gehn wir furchtlos unbeirrt
den Weg, der uns durchs Leben führt.

Maximilian Kolbe – vor 130 Jahren geboren

Maximilian (Raimund) Maria Kolbe wurde am 7. Januar 1894 – vor 130 Jahren – in Zdunska-Wola in Polen geboren. Er wurde Minorit und 1918 Priester. Als solcher gründete er eine marianische Apostolatsvereinigung und bemühte sich seit 1922 in Polen und seit 1930 in Japan erfolgreich um den Aufbau einer katholischen Presse. Im Jahr 1936 kehrte er nach Polen zurück. Von seinem Kloster Niepokalanów aus half er zu Beginn des 2. Weltkrieges Flüchtlingen und Kriegsopfern ungeachtet ihrer Religionszugehörigkeit. Pater Kolbe wurde von den Nationalsozialisten verhaftet und ins KZ verschleppt. Hier in Auschwitz ging er für einen jungen polnischen Familienvater, der als Geißel getötet werden sollte, freiwillig in den Hungerbunker und starb am 14. August 1941. Papst Johannes Paul II. sprach ihn 1982 heilig.

Papst Paul VI. besucht Israel – vor 60 Jahren

Wenige Monate nach seiner Wahl zum Papst im Juni 1963 sorgte Paul VI. am Ende der zweiten Sitzungsperiode des Zweiten Vatikanischen Konzils für eine große Überraschung. Er kündigte an, vom 4. bis 6. Januar 1964 ins Heilige Land zu reisen. Erstmals unternahm ein Papst eine Pilgerreise zu den heiligen Stätten. Damals wie heute war das Territorium politisch umstritten. Nur vier Wochen standen dem Protokoll zur Vorbereitung zur Verfügung. Die Reise Pauls VI. nach Israel und Jordanien fand weltweite Beachtung. In Jerusalem traf der Papst mit Patriarch Athenagoras von Konstantinopel zusammen. Erstmals seit dem Mittelalter begegneten sich die Oberhäupter von Ost- und Westkirche persönlich. Das Treffen hat eine große Bedeutung für die Ökumene und führte ein Jahr später zur Aufhebung der gegenseitigen Exkommunikationen zwischen den Patriarchaten von Konstantinopel und Rom aus dem Jahr 1054. Faktisch erkannte die katholische Kirche mit diesem Papstbesuch den Staat Israel an.

Katharina von Bora – vor 525 Jahren geboren

Katharina von Bora, die spätere Frau Martin Luthers, kam vor 525 Jahren am 29. Januar 1499 in Lippendorf südlich von Leipzig zur Welt. Sie entstammte dem sächsischen Landadel und wurde schon im Alter von 5 Jahren ins Kloster gegeben. In den Wirren der Reformation verließ sie zusammen mit anderen Nonnen unter Mithilfe eines Torgauer Ratsherrn 1523 das Kloster Marienthron in Nimbschen bei Grimma. Sie kam im Haus Lucas Cranach des Älteren in Wittenberg unter und lernte dort Martin Luther kennen, den sie 1525 heiratete. Dem Ehepaar Luther wurden sechs Kinder geboren und Katharina von Bora führte den großen Haushalt, der immer auch Gäste und Studenten beköstigte. Heute sieht man in ihr den Prototyp der evangelischen Pfarrfrau. Katharina von Bora überlebte ihren Mann um sechs Jahre und starb 1552 in Torgau.

PRAKTISCHES

REZEPT

Rosmarinkartoffeln im Speckmantel

ZUTATEN für ca. 4 Personen

24 kleine, festkochende Kartoffeln	Sonnenblumenöl
Salzwasser	Salz, Pfeffer
1 Bund Rosmarin	24 Scheiben Frühstücksspeck

ZUBEREITUNG

Kartoffeln gründlich bürsten, waschen und im Salzwasser ca. 25 min gar kochen. Abgießen und abkühlen lassen. Backofen auf 200 °C vorheizen. Den Rosmarin abbrausen, trocken schütteln und die Nadeln abzupfen. Die gekochten Kartoffeln halbieren und je eine Hälfte mit etwas Rosmarin belegen und mit Sonnenblumenöl beträufeln. Salzen, pfeffern, zweite Seite wieder auflegen und je mit einer Scheibe Speck umwickeln. Die umwickelten Kartoffeln mit der Nahtseite nach unten auf ein geöltes Backblech setzen und im vorgeheizten Ofen 15–20 min backen.

Küchentipps

Rosmarin vor Kälte schützen

Um den Rosmarin aus dem Garten vor Kälte zu schützen, kann man ihn vor dem ersten Frost in einen Topf umpflanzen und in ein helles Fensterbrett stellen.

Speck braten

Bereitet man Speck in der Pfanne zu, dann sollte man ihn während des Bratens mit einer Gabel anstechen, damit er sich nicht zusammenrollt.

Sonnenblumenöl

Achten Sie beim Kauf auf den Unterschied zwischen kalt gepresstem und raffiniertem Sonnenblumenöl. Kalt gepresstes Öl eignet sich nur zur Verwendung bei kalten Gerichten. Mit dem raffinierten Öl kann man braten, kochen und backen. Auch Salatsoßen lassen sich damit anrichten.

ERICH KÄSTNER

Die vier archimedischen Punkte

Kleine Neujahrsansprache vor jungen Leuten

In den Wochen vor und nach der Jahreswende pflegt es Ansprachen zu schneien. Sie senken sich sanft, mild und wattig auf die raue Wirklichkeit, bis diese einer wärmstens empfohlenen, überzuckerten und ozonreichen Winterlandschaft gleicht. Doch mit dem Schnee, wie dicht er auch fällt, hat es seine eigene Bewandtnis – er schmilzt. Und die Wirklichkeit sieht nach der Schmelze, mitten im schönsten Matsch, noch schlimmer aus als vor dem großen Schneetreiben und Ansprachengestöber.

Das alte Jahr war keine ausgesprochene Postkartenschönheit, beileibe nicht. Und das neue? Wir wollen's abwarten.

Was war, wird nicht besser, indem man's nachträglich lobt. Und das, was kommt, mit frommen Wünschen zu garnieren, ist Konditorei, nichts weiter. Es hat keinen Sinn, sich und einander die Taschen vollzulügen. Sie bleiben leer. Es hat keinen Zweck, die Bilanz zu frisieren.

Rund heraus: Das alte Jahr war keine ausgesprochene Postkartenschönheit, beileibe nicht. Und das neue? Wir wollen's abwarten. Wollen wir's abwarten? Nein. Wir wollen es nicht abwarten. Wir wollen nicht auf gut Glück und auf gut Wetter warten, nicht auf den Zufall und den Himmel harren, nicht auf die politische Konstellation und die historische Entwicklung hoffen, nicht auf die Weisheit der Regierungen, die Intelligenz der Parteivorstände und die Unfehlbarkeit aller übrigen Büros. Wenn Millionen Menschen nicht nur neben-, sondern miteinander leben wollen, kommt es auf das Verhalten der Millionen, kommt es auf jeden und jede an, nicht auf die Instanzen. Das klingt wie ein Gemeinplatz, und es ist einer. Wir müssen unser Teil Verantwortung für das, was geschieht, und für das, was unterbleibt, aus der öffentlichen Hand in die eigenen Hände zurücknehmen. Wohin es führt, wenn jeder glaubt, die Verantwortung trüge der sehr geehrte, wertgeschätzte Vordermann und Vorgesetzte, das haben wir erlebt. Soweit wir's erlebt haben …

Ich bin ein paar Jahre älter als ihr, und ihr werdet ein paar Jahre länger leben als ich. Das hat nicht viel auf sich. Aber glaubt mir trotzdem: Wenn Unrecht geschieht, wenn Not herrscht, wenn Dummheit waltet, wenn Hass gesät wird, wenn Muckertum sich breitmacht, wenn Hilfe verweigert wird – stets ist jeder Einzelne zur Abhilfe mit aufgerufen, nicht nur die jeweils „zuständige" Stelle. Jeder ist mitverantwortlich für das, was geschieht, und für das, was unterbleibt. Und jeder von uns und euch – und gerade von euch – muss es spüren, wann die Mitverantwortung neben ihn tritt und schweigend wartet. Wartet, dass er handle, helfe, spreche, sich weigere oder empöre, je nachdem. Fühlt er es nicht, so muss er's fühlen lernen. Beim Einzelnen liegt die große Entscheidung.

Aber wie kann man es lernen? Steht man nicht mit seinem Bündel Verantwortung wie in einem Wald bei Nacht? Ohne Licht und Weg, ohne Laterne, Uhr und Kompass? Ich sagte schon, ich sei ein paar Jahre älter als ihr, und wenn ich bisher auch noch nicht, noch immer nicht gelernt habe, welche Partei, welche Staatsform, welche Kirche, welche Philosophie, welches Wirtschaftssystem und welche Weltanschauung „richtig" wären, so bin ich doch nie ohne Kompass, Uhr und Taschenlampe in der Welt herumgestolpert. Und wenn ich mich auch nicht immer nach ihnen gerichtet habe, so war's gewiss nicht ihr, sondern mein Fehler.

Sich der Kindheit wahrhaft erinnern, das heißt: plötzlich und ohne langes Überlegen wieder wissen, was echt und falsch, was gut und böse ist

Archimedes suchte, für die physikalische Welt, den einen festen Punkt, von dem aus er sich's zutraute, sie aus den Angeln zu heben. Die soziale, moralische und politische Welt, die Welt der Menschen nicht aus den Angeln, sondern in die rechten Angeln hineinzuheben, dafür gibt es in jedem von uns mehr als einen archimedischen Punkt. Vier dieser Punkte möchte ich aufzählen:

Punkt 1: Jeder Mensch höre auf sein Gewissen! Das ist möglich. Denn er besitzt eines. Diese Uhr kann man weder aus Versehen verlieren noch mutwillig zertrampeln. Diese Uhr mag leiser oder lauter ticken – sie geht stets richtig. Nur wir gehen manchmal verkehrt.

Punkt 2: Jeder Mensch suche sich Vorbilder! Denn es existieren welche. Und es ist unwichtig, ob es sich dabei um einen großen toten Dichter, um Mahatma Gandhi oder um Onkel Fritz aus Braunschweig handelt, wenn es nur ein Mensch ist, der im gegebenen Augenblick ohne Wimpernzucken das gesagt oder getan hätte, wovor wir zögern. Das Vorbild ist ein Kompass, der sich nicht irrt und uns Weg und Ziel weist.

Punkt 3: Jeder Mensch gedenke immer seiner Kindheit! Das ist möglich. Denn er hat ein Gedächtnis. Die Kindheit ist das stille, reine Licht, das aus der Vergangenheit tröstlich in die Gegenwart und Zukunft hinüberflutet. Sich der Kindheit wahrhaft erinnern, das heißt: plötzlich und ohne langes Überlegen wieder wissen, was echt und falsch, was gut und böse ist. Die meisten vergessen ihre Kindheit wie einen Schirm und lassen sie irgendwo in der Vergangenheit stehen. Und doch können nicht vierzig, nicht fünfzig spätere Jahre des Lernens

und Erfahrens den seelischen Feingehalt des ersten Jahrzehnts aufwiegen. Die Kindheit ist unser Leuchtturm.

Punkt 4: Jeder Mensch erwerbe sich Humor. Das ist nicht unmöglich. Denn immer und überall ist es einigen gelungen. Der Humor rückt den Augenblick an die richtige Stelle. Er lehrt uns die wahre Größenordnung und die gültige Perspektive. Er macht die Erde zu einem kleinen Stern, die Weltgeschichte zu einem Atemzug und uns selber bescheiden. Das ist viel. Bevor man das Erb- und Erzübel, die Eitelkeit, nicht totgelacht hat, kann man nicht beginnen, das zu werden, was man ist: ein Mensch.

Vier Punkte habe ich aufgezählt, dass ihr von ihnen aus die Welt, die aus den Fugen ist, einrenken helft: das Gewissen, das Vorbild, die Kindheit, den Humor. Vier Angelpunkte. Vier Programmpunkte, wenn man so will. Und damit habe ich unversehens selber eine der Ansprachen gehalten, über die ich mich eingangs lustig machte. Es lässt sich nicht mehr ändern, höchstens und konsequenterweise auf die Spitze treiben, indem ich, anderen geschätzten Vor- und Festrednern folgend, mit ein paar Versen schließe, mit einem selbst und hausgemachten Neujahrsspruch:

Man soll das Jahr nicht mit Programmen
beladen wie ein krankes Pferd.
Wenn man es allzu sehr beschwert,
bricht es zu guter Letzt zusammen.

Je üppiger die Pläne blühen,
um so verzwickter wird die Tat.
Man nimmt sich vor, sich schrecklich zu bemühen,
und schließlich hat man den Salat.

Es nützt nicht viel, sich rot zu schämen.
Es nützt nichts und es schadet bloß,
sich tausend Dinge vorzunehmen.
Lasst das Programm und bessert euch drauf los.

UNBEKANNT

Segen zum Jahreswechsel

Gesegnet sei dein zurückliegendes Jahr
mit all dem, was du darin gelebt,
geliebt und durchlitten hast.

Gesegnet sei dein neues Jahr,
gesegnet die Wege, die du beschreitest,
die Menschen, denen du begegnest,
die Arbeit, die du tust,
die freie Zeit, an der du dich freust.

Gesegnet seien alle deine Tage und jede Stunde.
Gesegnet sei jeder Atemzug, der dich belebt.

Gesegnet seist du mit allem, was dich ausmacht.
Gesegnet durch die Gegenwart Gottes,
der dich liebend hält und birgt.

REISETIPP

MARIENKIRCHE IN TORGAU

Neben dem Schloss Hartenstein ist die Marienkirche das zweite Wahrzeichen der an der Elbe gelegenen sächsischen Kleinstadt Torgau. In der Reformationszeit war die Stadt Hauptresidenz der ernestinischen Kurfürsten.
Die Anfänge der Marienkirche gehen auf die Zeit um 1200. Vom Ende des 14. bis zur Mitte des 15. Jahrhunderts entstand die bis heute erhaltene spätgotische Hallenkirche. Aus der Zeit um 1500 stammt noch ein Flügelaltar, dessen Tafelbilder Lucas Cranach der Ältere gemalt hat. Später entstanden Kanzel und Hauptaltar. Bemerkenswert sind die zahlreichen Grabmäler und Epitaphien. Peter Vischer der Ältere aus Nürnberg schuf die aufwendig gravierte Messinggrabplatte der Kurfürstin Sophie von Mecklenburg. Weitaus berühmter ist jedoch der Grabstein der 1552 in Torgau gestorbenen Katharina von Bora, Witwe von Martin Luther.
https://www.evkirchetorgau.de/

Februar

Do	1		Brigitta v. Kildare, Sigisbert III., Severus, Katharina Kasper
Fr	2	Darstellung des Herrn	Dietrich von Minden, Bodo, Alfred Delp, Markward
Sa	3		Blasius, Simeon u. Hanna, Ansgar v. Hamburg-Bremen, Alojs Andritzki
So	4	5. So. im Jahreskreis	Rabanus Maurus, Veronika, Gilbert v. Sempringham, Christian
Mo	5		Agatha v. Catania, Adelheid v. Vilich (Elke), Elisabeth v. Wertheim
Di	6		Paul Miki, Dorothea von Kappadokien, Hildegund von Meer
Mi	7		Richard von England, Juliana von Bologna, Petrus Werhun, Ava
Do	8		Hieronymus Ämiliani, Josefine Bakhita, Milada
Fr	9		Anna Katharina Emmerick (Antje), Julian v. Speyer, Lambert v. Neuwerk
Sa	10		Wilhelm v. Malavalle, Bruno v. Minden, Scholastika, Hugo v. Fosses
So	11	6. So. im Jahreskreis	Unsere Liebe Frau in Lourdes, Anselm v. Rot, Theodora II., Theodor
Mo	12	Rosenmontag	Benedikt von Aniane, Gregor II., Antonius
Di	13	Fastnacht	Christina von Spoleto, Gisela von Veltheim, Adolf von Osnabrück
Mi	14	Aschermittwoch	Valentinstag, Cyrill und Method, Valentin von Terni, Johannes Garcia
Do	15		Siegfried v. Schweden, Georgia v. Clermont, Drutmar v. Corvey, Jovita
Fr	16		Juliana von Nikomedien, Simeon von Metz, Philippa Mareri, Elias
Sa	17		Alexis Falconieri, Finan v. Lindisfarne (Finn), Bonosus v. Trier
So	18	1. Fastensonntag	Simon von Jerusalem, Constantia (Konstanze), Angelikus
Mo	19		Bonifatius v. Lausanne, Hedwig v. Cappenberg, Irmgard v. Aspel
Di	20		Falko von Tongern, Leo von Catania, Jordan Mai
Mi	21		Petrus Damiani, Eleonore von England, Irene von Rom, German
Do	22		Kathedra Petri, Isabella (Elisabeth) v. Frankreich, Margareta v. Cortona
Fr	23		Otto von Cappenberg, Romana von Todi, Willigis von Mainz (Willi)
Sa	24		Apostel Matthias, Ida von Hohenfels, Irmgard von Baden, Edelbert
So	25	2. Fastensonntag	Walburga von Heidenheim, Robert von Arbrissel, Cäsarius
Mo	26		Mechthild v. Sponheim, Ulrich v. Obermarchtal, Alexander v. Alexandria
Di	27		Leander von Sevilla, Markward von Prüm, Anne Heigham Line
Mi	28		Silvana, Roman von Condat, Elisabeth von Pommern
Do	29		Oswald von Worcester, Antonia von Florenz

EINFACH LEBEN

ANJA WEIFFEN

Ein gutes Gefühl

Warum Fasten ein Bedürfnis ist

Nicht unbedingt angesagt ist das Fasten unter Teenagern. Denkt man. Eine junge Mühlheimerin tut es dennoch und fühlt sich nicht allein.

Maren Schrenk aus Mühlheim hat sich entschieden: „Übrigens ... ich faste ab Aschermittwoch", sagt sie eines Sonntagmorgens beim Frühstück zu ihren Eltern. „Gute Idee", antwortet ihre Mutter spontan. „Schalte dein Smartphone für die nächsten 40 Tage aus."

Doch die 17-Jährige denkt nicht an ihr Smartphone. „Ja, warum denn nicht?", fragt Sandra Schrenk ihre Tochter. „Fasten in der Fastenzeit sollte doch mehr als nur Verzicht auf Essen sein. Soll es denn nicht auch ein Zur-Ruhe-Kommen sein, eine Gelegenheit zur Besinnung aufs Wesentliche?"

Maren Schrenk verzichtet seit einer Woche auf Süßigkeiten. Vor allem Schokolade. „In der Schule habe ich oft Schokolade dabei. Oder nach dem Essen gibt es bei uns oftmals etwas Süßes", erzählt das Mädchen aus Mühlheim. Naschen ist jetzt bis Ostersonntag tabu. Den Vorschlag ihrer Eltern, digital zu fasten, schmettert sie locker ab. Sie will es ähnlich machen wie Moses und Jesus in der Wüste: 40 Tage auf etwas Essbares verzichten. „Wenn die Menschen das sogar in biblischen Zeiten geschafft haben, kann das für uns heute auch möglich sein", ist sie überzeugt. Das Handy brauche sie, um mit ihren Freunden Kontakt zu halten. Auch in den Pausen nutze sie das Smartphone immer wieder, um für den Unterricht etwas im Internet nachzuschauen.

FASTENZEIT – 40 TAGE

Zeiten der Vorbereitung und der inneren Umkehr werden in der Bibel mit 40 Tagen bemessen. Vor allem leitet sich die Dauer der Fastenzeit von dem Bericht über eine vierzigtägige Gebets- und Fastenzeit her, die Jesus nach der Taufe im Jordan auf sich nahm. Das Alte Testament berichtet, dass Moses, als er vierzig Tage auf dem Berg Sinai war, nichts aß und trank (Ex 34,28; Dtn 9,18) und dass Elja 40 Tage zum Berg Horeb wanderte, ohne etwas zu essen (1 Kön 19,8).
Bereits aus dem 2. Jh. gibt es Berichte, dass sich die Christen durch ein zweitägiges Trauerfasten auf das Osterfest vorbereiteten. Dieses Fasten wurde im 3. Jh. auf die ganze Karwoche ausgedehnt. Seit dem 4. Jh. ist die vierzigtägige Vorbereitungszeit auf Ostern bereits fester Brauch.

P. Eckhard Bieger SJ

Warum sie fastet? Das habe viel damit zu tun, dass sie auf eine christliche Schule, auf die Marienschule in Offenbach, geht, erklärt Maren. „Unsere Lehrerin hat das Thema im Religionsunterricht gut erklärt. Fasten gehört zum Christsein dazu. Also möchte ich es auch machen." Sie möchte auf etwas verzichten, das zu entbehren ihr gar nicht so leichtfällt. Wie etwa Schokolade. Ein bisschen Grenzen ausloten? „Ja, das Gefühl ist wichtig, etwas geschafft und sieben Wochen durchgezogen zu haben", sagt sie. „Ein gutes Gefühl."
Eine Bewährungsprobe hat sie bereits bestanden. Maren war vor einigen Tagen auf einen Geburtstag eingeladen. „Ich habe genügend von der Hauptspeise gegessen. Danach war ich satt." Wie denken ihre Freundinnen darüber? „Die verstehen das, weil sie zum Teil selbst fasten. Manche verzichten auf Fleisch, andere essen überhaupt keinen Zucker, wieder andere leben die Zeit über vegan." Meistens habe das Fasten in ihrem Freundeskreis mit der Ernährung zu tun.
Als Maren ihren Eltern am Frühstückstisch ihr Vorhaben zu fasten offenbart, fragt sie auch: „Und auf was verzichtet ihr?" Einstimmig beschließt Familie Schrenk, gemeinsam bis Ostern auf Süßes zu verzichten. Wie finden das die Eltern? „Unsere Tochter bekommt das besser hin als wir", sagt Sandra Schrenk. „Aber wir merken: Dem Körper tut der Verzicht auf Süßigkeiten gut."

MANFRED BECKER-HUBERTI

In Sack und Asche – Aschermittwoch

Seit dem 6. Jahrhundert bildet der Mittwoch vor dem 6. Sonntag vor Ostern („Invocabit") den Auftakt zur österlichen Fastenzeit. Asche als reales Symbol für die Vergänglichkeit und Bußgesinnung war im gesamten Orient zu Hause, natürlich auch in Israel. Am Aschermittwoch begann in der frühen Kirche die öffentliche (Kirchen-)Buße, an dem die Büßer ein Bußgewand anlegten und mit Asche bestreut wurden. Als die öffentliche Buße außer Gebrauch kam (10. Jh.), übertrug sich die Aschesymbolik auf alle Gläubigen (Synode von Benevent 1091). Aschesegnungen im Christentum lassen sich deshalb bis mindestens zum 10. Jahrhundert zurückverfolgen.

Das Aschenkreuz auf der Stirn der Gläubigen versinnbildlicht den Anbruch der Bußzeit und des Fastens. Bei der Austeilung spricht der Priester traditionell die Worte „Bedenke, Mensch, dass Du Staub bist und wieder zum Staub zurückkehren wirst" (vgl. Gen 3,19) und erinnert damit an Jesus Sirach 17,32, wo die Menschen als „nur Staub und Asche" definiert werden. Die Asche des Aschermittwochs wird seit dem 12. Jahrhundert aus den am Palmsonntag übrig gebliebenen Palmzweigen des Vorjahres gewonnen.

Mancherorts hieß der Aschermittwoch auch Pfeffertag, weil Langschläfer mit grünen Ruten aus den Federn „gepfeffert" wurden. Andernorts gab es den Aschermittwochstreich: Kinder besuchten ihre Paten, gaben ihnen ein paar Streiche mit einer grünen Rute und erhielten dafür Brezeln.

Tipp von Sr. Hedwig

HUSTEN, SCHNUPFEN, HEISERKEIT

Wer bisher von Schnupfen, Husten, Heiserkeit oder der Grippe verschont geblieben ist, kann einiges unternehmen, um nicht auch noch angesteckt zu werden. Die erste Barriere in der Abwehr von Krankheitserregern sind die Schleimhäute von Mund, Nase und Augen. Dazu müssen die Schleimhäute ausreichend feucht und gut durchblutet sein. Für die Befeuchtung ist eine ausreichende Luftfeuchtigkeit wichtig. Außerdem sollte man mindestens zwei Liter über den Tag verteilt trinken.
Um die Durchblutung der Schleimhäute zu fördern, sollte man sich warm genug kleiden, vor allem an den Füßen! Wechselduschen am Morgen, die man immer mit einer Kaltdusche abschließt, Saunabesuche und auch Kneipp'sche Anwendungen sind bewährte Mittel zur Abhärtung. Auch Inhalieren mit Salzwasser hilft. Die Wirkung des heißen Wasserdampfs wird durch ätherische Öle, beispielsweise Pfefferminze, Thymian oder Salbei, noch verstärkt.

Astrid Meyer

Endlich

Über der Gartenecke verwildertes
Gebüsch,
Efeuranken und welkes Laub wandern
kalte Schatten.

An manchem Mittag schmilzt der
Schnee,
das Eis tropft.

Doch in der Nacht erstarrt die Erde
zwischen den Mauern.

Der Winter hält an.

Die Zeit geht dahin.

Eines Morgens leuchtet
der Garten sonnenhell.

Ein Versprechen liegt über dem Land.

Die Luft ist von der Rückkehr
der Sonne erfüllt.

Erich Kästner – 125. Geburtstag

Am 23. Februar würde Erich Kästner seinen 125. Geburtstag begehen. Der bekannte Autor kam 1899 in Dresden zur Welt. In der Weimarer Republik begann seine Karriere mit Texten, die sich kritisch mit gesellschaftlichen Entwicklungen auseinandersetzen. Er verließ Deutschland nach 1933 nicht, obwohl seine Bücher von den Nationalsozialisten verboten wurden. Als einziger der betroffenen Schriftsteller war er bei der Bücherverbrennung am 10. Mai 1933 in Berlin anwesend. Unter Pseudonym konnte Kästner jedoch weiter publizieren.
Noch heute bekannt sind vor allem seine Kinderbücher, die mehrfach verfilmt wurden. Dazu zählen „Emil und die Detektive“, „Pünktchen und Anton“, „Das fliegende Klassenzimmer“ und „Das doppelte Lottchen“. Erich Kästner lebte nach dem Zweiten Weltkrieg in München, wo er 1974 starb.

Anna Katharina Emmerick

Anna Katharina Emmerick kam am 8. September 1774 in der Bauerschaft Flamschen bei Coesfeld in Westfalen zur Welt. Schon als Kind hatte sie Visionen und betete eifrig. Den Eintritt in ein Kloster verweigerte man Anna Katharina jedoch mehrfach wegen ihrer Armut. In Coesfeld arbeitete sie bei einem Organisten und betete häufig vor dem „Coesfelder Kreuz“ in der Stadtkirche. Im Jahr 1802 trat die Tochter des Organisten in das Augustinerinnenkloster in Dülmen ein und erreichte, dass auch Anna Katharina Emmerick in den Orden eintreten durfte. Nach einem Jahr im Kloster legte sie die ewigen Gelübde ab. Schon in ihrer Klosterzeit litt Anna Katharina Emmerick immer wieder unter großen Schmerzen und war häufig krank. Während ihrer Krankheit und bei der Feier der hl. Messe erschien ihr Christus in mystischen Visionen. Im Jahr 1811 mussten sie und ihre Mitschwestern das infolge der Säkularisation aufgelöste Kloster verlassen. Anna Katharina Emmerick fand Zuflucht bei dem aus Frankreich emigrierten Abbé Lambert, der in Dülmen lebte. Schon bald konnte sie das Haus nicht mehr verlassen. Seit 1813 zeigten sich bei ihr die immer wieder blutenden Wundmale Christi. Staatliche und kirchliche Untersuchungen der Vorgänge konnten keinen Betrug feststellen. Clemens von Brentano reiste 1819 nach Dülmen und protokollierte die nächtlichen Visionen Anna Katharina Emmericks. Sie erschienen unter dem Titel „Das bittere Leiden unseres Herrn Jesus Christus“. Viele Gläubige besuchten Anna Katharina Emmerick an ihrem Krankenbett. Sie wurde immer schwächer und starb am vor 200 Jahren am 9. Februar 1824 im Ruf der Heiligkeit. Papst Johannes Paul II. sprach die „Mystikerin des Münsterlandes“ im Jahr 2004 selig.

.

REZEPT

Buchweizen mit Ragout von Roten Rüben

für 2 Personen

ZUTATEN

1 TL Butter
1 kl. Zwiebel, fein gehackt
2 mittelgroße Rote Bete (ca. 400 g), gewürfelt
200 ml Gemüsebrühe
Salz und Pfeffer
Liebstöckel
Anis, Kümmel, im Mörser zerstoßen
1 Spritzer Obstessig
etwas Schlagobers (Sahne)
1 TL frisch geriebener Kren (Meerrettich) od. aus dem Glas
1 Ta. Buchweizen (ca. 120 g)
2 Ta. Gemüsebrühe (400 ml)
Petersilie, fein gehackt

ZUBEREITUNG

Zwiebel in Butter andünsten, Rote Rüben zugeben und kurz mitbraten. Mit Gemüsebrühe aufgießen, würzen und auf kleiner Flamme köcheln, bis die Rüben gar sind. Mit Essig abschmecken. Obers und Kren unterrühren. Den Buchweizen in der gesalzenen Gemüsebrühe gar kochen (wie Reis). Eine Tasse kalt ausschwemmen, mit dem gar gekochten Buchweizen füllen, leicht andrücken und auf einen Teller stürzen. Daneben das Rübenragout anrichten. Mit Petersilie garnieren.

Küchentipps

Alternative Buchweizen
In der Fastenzeit können Sie mit Buchweizen eine gesunde und vielseitige Alternative zu herkömmlichen Beilagen entdecken. Die dreikantigen Nüsse erinnern an kleine Bucheckern, haben mit der Buche aber genauso wenig zu tun wie mit dem Weizen.

Färbemittel Rote Bete
Rote Bete färbt bei der Verarbeitung stark. Das Tragen von Handschuhen und einer Schürze ist daher ratsam. Mit dem Saft der Roten Bete lassen sich aber auch Ostereier färben.

Schonend garen
Rote Bete sollte möglichst mit Schale gegart werden, da die Früchte beim Anschneiden viel Saft verlieren.

ANDREAS KNAPP

Einfach leben

Marco, ein junger Bruder unserer Gemeinschaft, lebt in Lille (Frankreich). Er hatte einen Job als Kurier in einer Autofirma und wurde dort sehr geschätzt. Als der im Rahmen seiner Ausbildung in der Ordensgemeinschaft für ein Jahr nach Italien wechseln wollte, kündigte er seinen Job in Lille ordnungsgemäß per Brief. Zwei Tage später ließ ihn der Chef in die Verwaltungszentrale kommen. Ohne lange Erklärungen bot er Marco eine Gehaltserhöhung an. Marco lehnte ab. Der Chef erhöhte noch einmal sein Angebot. Doch weil Marcos Motive für die Kündigung ganz anderer Art waren, lehnte er erneut ab. Der Chef reagierte verunsichert: „Ist es etwa immer noch zu wenig Lohn?“ Und verdutzt gab er zu: „Das ist das erste Mal, dass ich mit Geld nicht erreiche, was ich will.“

Die Weise, wie wir in unserer Gemeinschaft mit Geld und Besitz umgehen, ist für viele Zeitgenossen unverständlich. Natürlich braucht es eine materielle Basis für unser Leben. Wir sind angewiesen auf ein gewisses Maß an Sicherheit, etwa im Blick auf Arbeit oder Altersvorsorge. Diese zentralen Bedürfnisse können allerdings ausufern und finden dann kein Maß mehr. Ich vermute, dass hinter der unmäßigen Suche nach Besitz oft auch ein seelischer Hunger steckt: der Wunsch nach Wertschätzung, Freundschaft und Liebe.

Religion kann als Versuch gedeutet werden, die Sehnsucht des Menschen nach „immer mehr“ in eine spirituelle Dynamik zu verwandeln. Nach biblischer Tradition ist der Mensch auf Gott hin ausgerichtet und findet nur in ihm Erfüllung. Der Glaube, dass Gott mir seine Liebe gratis schenkt, kann also freier machen von den Zwängen,

Kleine Brüder vom Evangelium

Als Mitglieder der Gemeinschaft der „Kleinen Brüder vom Evangelium" versuchen wir, die Lebensbedingungen der einfachen Leute zu teilen: Wir gehen einer gewöhnlichen Lohnarbeit nach und wohnen normalerweise in einer Mietwohnung. Auf diese Weise wollen wir der Idee von Charles de Foucauld (1858–1916) folgen, der das Leben Jesu in Nazaret nachahmen wollte: So wie Jesus in einem unscheinbaren Dorf als Bauhandwerker gearbeitet hat, so soll ein einfacher Lebensstil unsere Solidarität etwa mit sozial Schwächeren zum Ausdruck bringen.

Andreas Knapp

mich durch Hab und Gut zu definieren. Meine Identität und mein Wert, mein Ansehen und meine letzte Erfüllung: Alles ist Gabe Gottes.

Aus dieser Grundhaltung lebte Jesus von Nazaret: Weil er daran glaubte, dass Gott unendlich großzügig ist und es gut mit ihm meint, erlag er nicht der Verlockung, sein Leben durch Besitz oder Macht abzusichern. Daher lebte Jesus in einer großen Distanz zu allen Arten von Besitz.

Ganz auf dieser Linie suchten die ersten Christen nach einer alternativen Lebensform, die ohne Privatbesitz funktionierte: „Alle, die gläubig geworden waren, bildeten eine Gemeinschaft und hatten alles gemeinsam. Sie verkauften Hab und Gut und gaben davon allen, jedem so viel, wie er nötig hatte" (Apg 2,44 f.). Nicht der Besitz zählt, sondern die Beziehung: Allen ist alles gemeinsam! Im christlichen Mönchtum wird die „Armut" als Ordensgelübde folglich nicht primär asketisch verstanden, geschweige denn als Ausdruck einer Weltverachtung – wird die Welt doch als gute Schöpfung Gottes wertgeschätzt. Die freiwillige Armut wird vielmehr aus dem Zusammenleben der Schwestern und Brüder begründet: Sie ist Konsequenz der Geschwisterlichkeit, die sich aus dem Glauben an Gott als dem Vater aller herleitet.

Wenn wir Kleine Brüder von Außenstehenden auf unsere Lebensform angesprochen werden, dann steht schnell die Frage im Raum: „Wir macht ihr das mit dem Geld?" Dieses Thema ist für viele prickelnder als etwa: „Wie hältst du es mit dem Sex?" Denn dass wir keinen Privatbesitz haben und alles Geld, das wir verdienen, in einer gemeinsamen Kasse landet, ruft Verwunderung und Unverständnis hervor. Viele

können nicht nachvollziehen, warum wir keinen Fernseher oder kein Auto besitzen wollen. Doch die Entscheidung für einen einfachen Lebensstil ist Ausdruck unseres Glaubens, dass die Verbundenheit mit Jesus und seiner Lebensform innerlich reich macht. Ein einfacher Lebensstil will auch einen Beitrag zu einer gerechteren Welt und für die Bewahrung der Schöpfung leisten. Und schließlich machen wir die Erfahrung, dass ein solcher Lebensstil neue Freiheiten eröffnet. Dass er etwa Nähe schenken kann zu Menschen, die wenig besitzen. Wenn Freunde aus dem Asylbewerberheim in unsere Wohnung kommen und unsere uralte Küche und die zusammengestückelten Möbelstücke sehen, fühlen sie sich eher zu Hause als in einem luxuriösen Ambiente. So ermöglicht unser Lebensstil nahe und ehrliche Beziehungen und das ist ein großer Schatz!

MARIA RADZIWON

Kehr um

Kehr um –
und glaub
an das Evangelium,
so sagt der Priester
am Aschermittwoch.

Kehr um!
Es bedeutet so viel wie:
Wandlung, Besinnung.
Guter Gott, begleite mich
auf meinem Weg der Wandlung
in der Fastenzeit.
Amen.

REISETIPP

KALVARIENBERG IN BAD TÖLZ

Hoch über der reizvollen Stadt Bad Tölz mit den Lüftlmalereien an den Patrizierhäusern steht auf dem Kalvarienberg die 1722 geweihte Leonhardikapelle. Eine große Kette, das Attribut des Heiligen, umspannt die Außenmauern der Kirche. Im 18. Jh., der Zeit der großen Viehseuchen, genoss der hl. Leonhard besondere Verehrung. Der Salz- und Zollbeamte Nockher ließ einen Kreuzweg mit Kapellen zur Kirche hinauf errichten. Eine heilige Stiege mit Kapelle und drei Kreuzen darüber, eine zweite Kirche und schließlich die Kreuzkirche kamen hinzu. Die beiden Kirchen wurden 1726 geweiht. Der Kreuzweg erfuhr mehrfache Veränderungen. Nach dem Ersten Weltkrieg schließlich errichtete man die fünf heute noch bestehenden Kapellen. Die riesige Christus-Figur am Beginn des Kreuzweges stammt aus dem Jahr 1836.
Internet: https://www.pfarrverband-bad-toelz.de/

März

Fr	1		Albin von Angers, David von Menevia, Roger le Fort
Sa	2		Agnes von Böhmen, Karl der Gute, Angela de la Cruz
So	3	3. Fastensonntag	Friedrich v. Mariengaarde, Katharine M. Drexel, Camilla v. Auxerre
Mo	4		Kasimir von Polen, Rupert von Deutz, Walburga von Neuenheerse
Di	5		Dietmar von Minden, Olivia von Brescia, Lucius I.
Mi	6		Fridolin von Säckingen, Mechthild von Hochsal, Rosa von Viterbo
Do	7		Perpetua und Felicitas, Volker v. Segeberg, Reinhard v. Reinhausen
Fr	8		Johannes von Gott, Felix von Dunwich, Julianus von Toledo
Sa	9		Bruno von Querfurt, Franziska von Rom, Katharina von Bologna
So	10	4. Fastensonntag	Ämilian (Emil) von Langny, Gustav von Schweden, John Ogilvie
Mo	11		Rosina vom Allgäu, Ulrich von Kaisheim, Heinrich Hahn
Di	12		Beatrix v. Engelport, Almut v. Wetter, Fina, Maximilian v. Theveste
Mi	13		Leander von Sevilla, Paulina von Paulinzella, Judith von Ringelheim
Do	14		Mathilde von Ringelheim, Eva von Lüttich, Konrad Müller
Fr	15		Louise de Marillac, Diedrich v. Andelsbuch, Klemens Maria Hofbauer
Sa	16		Heribert von Köln, Julian von Tarsus, Guntmar von Lier
So	17	5. Fastensonntag	Gertrud von Nivelles, Patrick von Irland, Konrad von Bayern
Mo	18		Cyrill von Jerusalem, Felicianus (Felix), Eduard von England
Di	19	CH: Josephstag	Josef, Marco von Montegallo, Sibylle Biscossi
Mi	20	Frühlingsanfang	Irmgard von Erstein, Wolfram von Sens, Claudia, Alexandra
Do	21		Axel von Lund, Christian von Köln, Emilie Schneider
Fr	22		Clemens August von Galen, Reinhild von Aldeneyk, Lea von Rom
Sa	23		Turibio von Mongrovejo, Rebekka Ar Rayès, Walter von Rebais
So	24	Palmsonntag	Katharina v. Schweden (Karin), Oscar Romero, Elias v. Rommersdorf
Mo	25		Jutta von Bernried (Judith), Ancilla, Annuntiata, Lucia Filippini
Di	26		Liudger von Münster, Larissa (Lara), Emmanuel
Mi	27		Haimo von Halberstadt, Frowin von Engelberg, Ensfried von Köln
Do	28	Gründonnerstag	Guntram, Stephan Harding, Ingbert Naab
Fr	29	Karfreitag	Ludolf v. Ratzeburg, Helmut v. Winchester, Berthold v. Kalabrien
Sa	30		Leonardo Murialdo, Amadeus IX. v. Savoyen, Ludwig v. Casoria
So	31	Ostersonntag	Kornelia, Clemens Fuhl, Benjamin v. Persien, Wido (Guido) v. Pomposa

ZUR RUHE KOMMEN

SR. JORDANA SCHMIDT OP

Tabgha – hier kommt meine Seele zur Ruhe

Versteckt im hohen Schilfgras sitze ich am See Gennesaret. Zwei Wochen habe ich mir dieses besondere Land nun angeschaut. Viele Eindrücke, viele Gefühle, viele Bilder, die ich erst einmal verarbeiten muss.
Hier an diesem Ort ist es friedlich. Was man ja nicht von jedem Ort in Israel oder dem Westjordanland sagen kann. Ab und zu fährt in einigem Abstand ein Ausflugsboot vorbei. Manchmal scheint man dort Party zu feiern, manchmal höre ich Fetzen von Stimmen, die wohl die Touristen durch diese besondere Landschaft leiten.
Tabgha ist ein ruhiger Ort, ein Ort, an dem meine Seele zur Ruhe kommen kann. In meinem kleinen Zimmer, in einem Bungalow direkt am See, scheint der ganze Israel- und Jesus-Tourismus weit weg. Hier am See bin ich Jesus endlich nahe. Nicht in der Grabeskirche mit ihren Tausenden Pilgern und Touris, nicht in Betlehem, sondern hier, wo der Ausblick auf die Hügel ringsum noch genauso ist wie vor 2000 Jahren (tauscht man die Boote aus und die modernen Anlegestellen).
Es ist heiß, Mitte Oktober, und ich schwimme in regelmäßigen Abständen im See. Herrlich!
Morgens feiere ich den Gottesdienst mit, der dort in der hellen und schönen Kirche der Brotvermehrung gehalten wird. Der Tag gehört dann mir. Ich wandere auf den Berg der Seligpreisungen und bin mal wieder abgestoßen von den ganzen Menschenmassen, die aus den Bussen quellen, einen Gottesdienst feiern und wieder abfahren. Die Kirche beeindruckt mich nicht, wohl aber der Ausblick über den See.
Auch Kafarnaum liegt ganz in der Nähe. Ich bin beeindruckt, diese Orte nun nicht nur aus der Bibel, sondern auch in meinem inneren Lageplan verortet zu haben. Von nun an werden sich diese Bilder mit den Texten verknüpfen, wenn ich diese lesen oder hö-

SR. JORDANA SCHMIDT OP

Jordana Schmidt wurde im Jahr 1969 in Grevenbroich geboren. Sie ist Dominikanerin von Bethanien, gelernte Kinderkrankenschwester, Heilpädagogin, Familientherapeutin und Autorin. Von 2006 bis 2010 war sie Sprecherin des „Worts zum Sonntag" in der ARD. Im Jahr 2011 reiste sie für die dreiteilige ZDF-Kultur-Dokumentation „Die Nonne und Herr Jilg" von Istanbul nach Jerusalem auf der Suche nach dem Verbindenden der Religionen. Nachzulesen in dem Buch „Auf einen Tee in der Wüste", das lange auf der Spiegel-Bestsellerliste stand. Momentan lebt sie in einer sozialpädagogischen Lebensgemeinschaft mit zwei Kindern in Krefeld. Am 6. März feiert Schwester Jordana ihren 55. Geburtstag.

ren werde. Auch werde ich nie wieder eine Krippe in sattes Grün mit Tannen und Weiden betten, nachdem ich die karge Landschaft rund um Betlehem gesehen habe. Das bereichert mich. Hier am See fühle ich mich frei wie selten in diesem kleinen, schönen Land voller Grenzen, Mauern und Soldaten.

Auf dem Weg hierher von Tel Aviv aus benutzte ich ein Sherut, eines dieser kleinen Sammeltaxis, die irgendwann abfahren. An der Grenze zum Westjordanland war ich die Einzige, die aus dem Bus aussteigen musste, um Pass und Gepäck zu zeigen. Das fühlte sich komisch an. Was, wenn der Bus ohne mich abfährt, weil die Kontrolle zu lange dauert? Tut er nicht, Geduld gehört wohl mit zu den Eigenschaften dieser Menschen hier.

Auch den Ort Tabgha schien niemand zu kennen, den ich fragte. Ob ich wohl Tabrah meinte? Vielleicht. Ich ließ mir den Weg dorthin beschreiben und kam tatsächlich dort an. Das wusste ich vorher auch nicht, dass die Orte, die wir namentlich kennen, manchmal anders ausgesprochen werden.

Nach diesen Tagen am See werde ich noch das Großstadtleben in Tel Aviv mit dem langen Strand genießen. Kontrastprogramm zu diesem ruhigen und fast ursprünglichen Fleckchen Erde. Israel ist ein Land voller Kontraste. Sowohl landschaftlich als auch von den Menschen und Kulturen her. Und alles auf engstem Raum: Modernität und Ziegenhirten in der Wüste, fromme, strenge Religionsvorschriften und wilde Partys am Strand.

Ich jedenfalls sehne mich manchmal nach diesem ruhigen und schönen Ort am See Gennesaret, der mich dem ganz nahebrachte, der hier vor über 2000 Jahren den Menschen die Botschaft von Liebe, Versöhnung und Frieden verkündete.

ANNEGRET KOKSCHAL

19. März – Gedenktag des hl. Josef von Nazaret

Die Evangelien nach Lukas und Matthäus berichten vom Zimmermann Josef aus Nazaret, der mit Maria verlobt war und Ziehvater Jesu wurde. Letztmals wird er bei der Reise zum Paschafest in Jerusalem erwähnt, bei der der zwölfjährige Jesus verloren geht und im Tempel wiedergefunden wird.

Josefs öffentliche Verehrung begann im Abendland erst im 14./15. Jahrhundert und wurde besonders durch die Bettelorden gefördert. Papst Pius IX. erhob ihn 1870 zum Schutzpatron der Kirche.

Das apokryphe Jakobusevangelium erzählt, bei der Bräutigamsuche für Maria habe der Wanderstab Josefs als Zeichen der göttlichen Erwählung begonnen zu blühen.

In vielen Ländern, z. B. in Italien und Spanien, ist der Josefstag auch der Vatertag, an dem die Väter von ihren Kindern selbst gemalte Bilder und kleine Geschenke erhalten. Den Gedenktag „Josef der Arbeiter" am 1. Mai führte Papst Pius XII. 1955 ein, um dem Tag der Arbeit eine christliche Prägung zu geben.

Dargestellt wird der hl. Josef mit Zimmermannsgerät, einem (blühenden) Wanderstab, einer Lilie oder mit dem Jesus-Knaben an der Hand oder auf dem Arm. Er wird als Patron der Arbeiter, Handwerker, Zimmerleute, Tischler und Familien verehrt.

.

ANNETTE VON
DROSTE-HÜLSHOFF

Der Frühling

Der Frühling ist die schönste Zeit!
Was kann wohl schöner sein?
Da grünt und blüht es weit und breit
im goldnen Sonnenschein.

Am Berghang schmilzt der letzte
Schnee,
das Bächlein rauscht zu Tal,
es grünt die Saat, es blinkt der See
im Frühlingssonnenstrahl.

Die Lerchen singen überall,
die Amsel schlägt im Wald!
Nun kommt die liebe Nachtigall
und auch der Kuckuck bald.

Nun jauchzet alles weit und breit,
da stimmen froh wir ein:
Der Frühling ist die schönste Zeit!
Was kann wohl schöner sein?

Tipp von Sr. Hedwig

INGWER

Mit dem beginnenden Frühjahr und den ersten warmen Sonnenstrahlen und den doch noch niedrigen Temperaturen steigt auch wieder die Gefahr einer Verkühlung. Ein gutes Mittel, dem entgegenzuwirken, ist der Ingwer. Er wärmt innerlich, fördert die Verdauung und ist für den Magen wohltuend. Zur Teebereitung empfiehlt sich ein nussgroßes Stück, das in kleine Stücke geteilt wird. Mit einem halben Liter kochendem Wasser übergießen und genau acht Minuten ziehen lassen. Dieser Tee sollte am besten am Morgen, vor dem Frühstück, getrunken werden. Er regt die Durchblutung an und hilft idealerweise beim Abnehmen. Frischer Ingwer kann entweder gerieben oder fein gehackt und Gerichten ohne langes Kochen beigegeben werden. Diese Verwendungsart bewirkt einen frischen, würzigen und scharfen Geschmack. Ganz anders ist der Geschmack von gebratenem Ingwer: Brät man gehackten Ingwer in Öl oder Butter, so weicht die Schärfe zugunsten eines feinen milden Aromas..

KALENDERBLATT

Thomas von Aquin

Der hl. Thomas von Aquin wurde um 1225 in der Grafschaft Aquino bei Neapel geboren. Fünfjährig wurde er zur Erziehung in das Kloster Monte Cassino geschickt. Später studierte er in Neapel. Zwanzigjährig wurde er gegen den Willen seiner Eltern Dominikaner. Von seinen Angehörigen unter Hausarrest gestellt, erlangte er 1245 seine Freiheit wieder und ging nach Paris. Hier war er Schüler Alberts des Großen, dem er nach Köln folgte. Um 1248 empfing er die Priesterweihe. Bis zu seinem Tode auf der Reise zum II. Konzil von Lyon vor 750 Jahren am 7. März 1274 lebte er abwechselnd in Paris und Italien. Er ist der bedeutendste kirchliche Philosoph und Theologe des Mittelalters. Auf Thomas von Aquin gehen die Fronleichnamsliturgie sowie zahlreiche Hymnen zurück. Im Jahr 1567 wurde er zum Kirchenlehrer erhoben.

Bertel Thorvaldsen

Der dänische Bildhauer Bertel Thorvaldsen (1770–1844) gehört zu den wichtigsten Künstlern des „Goldenen Zeitalters“ in Dänemark. Für sein Relief „Die Apostel Petrus und Johannes heilen einen Lahmen“ erhielt er 1793 eine Goldmedaille und ein Reisestipendium nach Rom. Hier wirkte er, von Reisen nach Kopenhagen unterbrochen, bis 1842. In Rom wurde auch der Vatikan auf Thorvaldsen aufmerksam und der bekennende Lutheraner schuf das Grabmal für Papst Pius VII. Thorvaldsens bekanntestes Werk ist die immer wieder kopierte Christus-Statue in der Kopenhagener Frauenkirche. Bertel Thorvaldsen starb vor 180 Jahren am 24. März 1844 in Rom.

„Ihr wisst, wie Thorvaldsen die Musik liebt, und da spiele ich ihm des Morgens zuweilen vor, während er arbeitet. Und wenn ich mir den alten Herrn ansehe, wie er an seinem braunen Ton knetet und wenn er das schafft, was wir alle nachher als fertig und dauernd bewundern müssen, so freut mich's sehr, dass ich ihm ein Vergnügen bereiten kann.“

Felix Mendelssohn Bartholdy über Bertel Thorvaldsen

REZEPT

Forellenfilets mit Kräuter-Parmesankruste und Drillingen

für 2 Personen

ZUTATEN

- 500 g Drillingskartoffeln
- 400 g Forellenfilets
- 1 Zitrone
- 4 EL Butter
- je 1 TL gehackte Petersilie, Bärlauch, Schnittlauch, Brennnessel
- 3 EL geriebener Parmesan
- 1 EL Semmelbrösel
- Salz, Pfeffer

ZUBEREITUNG

Forellenfilets kalt abspülen, abtupfen, salzen sowie pfeffern und in einer Auflaufform bereitlegen. Dann Kräuter waschen und hacken, Zitrone abreiben und auspressen. Butter schmelzen. Parmesan mit Kräutern, Zitronenschale, Paniermehl und Butter mischen. Die Filets mit Panade bestreichen, Zitronensaft drumherum gießen und im Backofen ca. 20 min backen. Butterforelle mit in Salzwasser gekochten Drillingskartoffeln servieren. Dazu passen frische Erbsen mit Petersilie.

Küchentipps

Gegrillte Forelle
Forellen eignen sich gut zum Grillen. Da der Fisch leicht zerfällt, empfiehlt es sich, ihn in einer Fischgrillform oder in Alufolie eingepackt auf den Grill zu legen.

Forelle beizen
Forellenfilets beizt man mit einer Mischung aus 1 TL grobem Schwarzem Pfeffer, 2 TL gehacktem Dill, 3 TL Zucker und 4 TL grobem Salz. Die Fischfilets von allen Seiten mit der Beize bedecken, mit Folie abdecken und dann 2 bis 3 Tage im Kühlschrank aufbewahren. Dann die Beize entfernen und die Forellenfilets z. B. mit einer Honig-Senf-Dill-Soße servieren..

P. REINHARD KÖRNER OCD

Mit Jesus unterwegs nach Golgota – XV. Station: Gott hat Jesus aufgeweckt!

Lesung

Jesus sprach: Im Haus meines Vaters gibt es viele Wohnungen. Wenn es nicht so wäre, hätte ich euch dann gesagt: Ich gehe, um einen Platz für euch vorzubereiten? (Joh 14,2)

Betrachtung

„Schaut nicht auf das Kreuz! Schaut auf den Gekreuzigten!", sagt Thérèse von Lisieux. Denn im Kreuz ist Tod.

In Jesus ist – noch am Kreuz – die Gewissheit, dass Gott uns im Tod nicht ins Nichts fallen lässt. Eine Gewissheit, die immer schon, bis in das letzte Abendmahl hinein, zum Kern der Frohbotschaft Jesu gehörte.

Die Frauen am Grab müssen sich sagen lassen: „Was sucht ihr den Lebenden bei den Toten? Er ist nicht hier, sondern er ist auferstanden. Erinnert euch an das, was er euch gesagt hat, als er noch in Galiläa war: Der Menschensohn muss in die Hände sündiger Menschen ausgeliefert und gekreuzigt werden und am dritten Tag auferstehen" (Lk 24,5–7).

In jüngerer Zeit ist es immer mehr Brauch geworden, der 14. Kreuzwegstation eine 15. hinzuzufügen. Damit wir beim Kreuz nicht stehen bleiben. Damit wir uns seiner Gewissheit erinnern.

Die Frauen am leeren Grab

Nach dem Sabbat, beim Anbruch des ersten Tages der Woche, kamen Maria aus Magdala und die andere Maria, um nach dem Grab zu sehen. Und siehe, es geschah ein gewaltiges Erdbeben; denn ein Engel des Herrn kam vom Himmel herab, trat an das Grab, wälzte den Stein weg und setzte sich darauf. Sein Aussehen war wie ein Blitz und sein Gewand weiß wie Schnee. Aus Furcht vor ihm erbebten die Wächter und waren wie tot. Der Engel aber sagte zu den Frauen: Fürchtet euch nicht! Ich weiß, ihr sucht Jesus, den Gekreuzigten. Er ist nicht hier; denn er ist auferstanden, wie er gesagt hat.

Matthäus 28,1–6

Entweder, oder:
Es ist kein Gott – und die Welt
ist Mechanik blinder Gewalten,
oder
Gott ist – und das All
ist gebettet in ihn.

Entweder, oder:
„Gott" ist reine Energie – und jedes Leben
ist Episode,
oder
du bist wer, Gott – und hinter allem
ist Wille und Sinn.

Entweder, oder:
Du bist der kühle Weltregent – und alles
ist Schicksal, ist Lohn und Vergeltung,
oder
du bist der Abba-Gott Jesu – und wir
sind dir unglaublich viel wert.

Entweder, oder:
Jesus ist tot – und alles
blieb beim alten,
oder
du, Gott, hast ihn aufgeweckt – er lebt,
und wir sterben – alle –
in dein Leben hinein.

MASCHA KALÉKO

Brief ins Blaue …

Ich schicke einen Brief hinaus in den Frühling an irgendeinen, den es vielleicht gar nicht gibt. Das Papier, das ich mit meinen steilen Lateinbuchstaben bemale, ist kein Bütten. Und ich kann mich sogar an Zeiten erinnern, da ich meine Briefe an postalisch einwandfreie Adressaten zu richten pflegte …

Ich gehöre nicht zu jenen, die immer gleich ihre „Gefühle" bei der Hand haben. Und doch: Mit dem Strauß gelber Himmelschlüssel hat es angefangen. Ihr würdet mich auslachen, wenn ich euch einreden wollte, dass mich jener ganze Frühlingstag mitsamt seinem Sonnenschein, Himmelblau und sonstigem Zubehör kurz gesagt einen knappen Pfiff anging und dass mir erst am späten Abend, als ich mich aus meinem Zimmer in den dämmerigen Schacht des Hofes neigte, der Frühling begegnete. Am Fenster stand ich, der Tag hatte sich aus dem Staube gemacht, und ein paar armselige Lichtsträhnen, Überbleibsel der fortgehenden Sonne – nicht der Rede wert –, lagen unten verstreut umher. Ich weiß noch, dass ich gerade mein Frühjahrskopfweh hatte, ich steckte den Kopf weit ins Freie hinaus – nicht etwa, dass mir, außer an den paar Zügen Luft, noch etwas an „Abendstimmung" oder sonstigen „Eindrücken" gelegen war, nein, ich hatte die Tage vorher Eindrücke genug gehabt … Ich kann mich genau darauf besinnen, dass ich selbst das silbrige Flattern eines ersten Schmetterlings über dem Gitterbalkon gegenüber ganz trocken zur Kenntnis nahm, mir war gar nicht so. Ich stand allein in der abendlichen Stille meiner Stube und horchte in den Hof hinunter.

Türenknarren, Verhallen von Schritten. Fenster waren breit aufgetan, Teller klapperten hinter Gardinen, mit denen der Wind spielte, es war Abendbrotzeit. Im Vorderhaus und Seitenflügel saßen nun brave Familien und gingen programmgemäß zu Tisch. Stühle rückten hin und her, Löffel klirrten, manchmal fiel ein halber Satz zum geöffneten Fenster hinaus. Nacht war es noch nicht, die Sonne war noch nicht ganz fort und der Mond noch nicht ganz da, so eine Stunde war das; aber die Braven in ihren Stuben hatten alle schon das Elektrische angeknipst, ihre Ordnung wollten sie haben, sie liebten kein liederliches Halbdunkel.

Ich gehöre nicht zu jenen, die immer gleich ihre „Gefühle" bei der Hand haben. Und doch: Mit dem Strauß gelber Himmelschlüssel hat es angefangen.

… Der Abend war wie tausend andere, ein ganz und gar gewöhnlicher Frühjahrsabend, ein Dutzendprodukt in der Tageszeit-Fabrik des lieben Gottes, und der hatte sich bei seiner Herstellung sicher nicht gedacht, dass da unten irgendeinem

Nichtsnutz gerade an diesem lächerlichen Exemplar von Abend aufgehen könne, es sei Frühling geworden.

Die Tage vorher hatte ich gar nicht bemerkt, so hatte ich an ihnen vorbeigelebt. Wolkenloser Himmel, Wärme und Licht – die Erfüllung meiner winterlichen Hungerfantasien, dies alles habe ich gar nicht wahrgenommen. Aber nun, da ein solcher Tag zu Ende ging, jetzt da das Gewicht hochgereckter Hinterhäuser und die Armseligkeit der paar Quadratmeter Himmel über den Dächern sich schwer auf mein Herz legte, nun wachte ich auf. Und alles kam wieder hervor, was ich während der letzten Wochen in die unterste Schublade meiner Seele hineingestopft hatte ...

Ich will nicht verschweigen, dass ich heute früh über den ersten Flieder auf einem fremden Balkon leise gelächelt habe, als wären gewisse Abende begraben, fern.

Ich weiß nicht mehr, ob die Vögel an einem Abend vom Park herüberzwitscherten, es war wohl so, ich hörte sie nicht, aber als nun ein Kind begann zu singen, ein billiges kleines Gassenlied mit seinem rührend mageren Stimmchen, da kam unendliche Traurigkeit über mich. Ausgestoßen war ich und verlassen ... Das bohrte sich ein, als wollte es sich häuslich einrichten bei mir wie früher schon.

Nein, sagte ich zu mir – ich war allein mit meinen nackten Wänden und Möbeln –, Nein sagte ich herausfordernd. Aber es war lächerlich, so hatte es immer angefangen. Es war also wieder einmal so weit. Die letzten Wochen krochen an mir vorüber, das vergangene Jahr, alles nutzlos. Was ich getan, hätte ich lassen, was ich gelassen, hätte ich tun sollen. Vorbei ...

So meldete sich der Frühling bei mir an. „Frühlingsanfang!“

Trostlose Haltestelle auf der Fahrt ins Jahr ...

Ein solcher Abend war das. Und man konnte ihn nicht einfach aus dem Kalender reißen, denn es gibt keine Tabletten gegen die Schmerzen in unserem Innern.

Heute aber ... wenn ich heute Morgen ein Blatt aus meinem alten graumarmorierten Schuldiarium mit dem weiß ausgebogten Etikett „Aufsatzheft“ herausgerissen habe, um einen Brief zu schreiben, so ist das nichts als eine Frühlingsmorgen-Spielerei.

Heute kann es sogar vorkommen, dass ich vor lauter hellen Sonnenkringeln auf dem blau linierten Schreibpapier und meiner alten Tapete vor Übermut zu pfeifen anfange. Ich will nicht verschweigen, dass ich heute früh über den ersten Flieder auf einem fremden Balkon leise gelächelt habe, als wären gewisse Abende begraben, fern. Jenseits des Ufers,

auf das mich dieser Tag gerettet hat. Und es ist nicht ausgeschlossen, dass ich heute ein verwegenes Sommerkleid anziehe, nur so für mich. – Wer weiß, ob mir nicht, wenn ich an diesem Abend an mein Fenster ginge, so ein Gedanke durch den Kopf schwirrte von Sommer, blauen Seen und Wanderrast unter blühenden Bäumen.

So ein Tag ist das, heute.

Ich habe den ganzen Vormittag lang fast gar nicht mehr an einen bestimmten Brief gedacht. In den frühesten Morgen hinein hat mir einer sogar einen frischen Strauß gelber Himmelsschlüssel geschickt, und ich habe nicht einmal gefragt, von wem sie waren. – Obgleich …

Ich schicke einen Brief hinaus in die Welt an irgendeinen, der vielleicht gar nicht an mich denkt. Aber ich, ich will ihn grüßen um seiner Abende willen, da er an geöffnetem Fenster vor traurigen Häuserschächten steht, um jenes ersten Flieders willen, der ihm auf fremden Balkonen blüht. Für ihn kritzle ich meine mageren Buchstaben auf das letzte Blatt jenes Schulheftes, das einst die Gedanken eines behüteten Kindes aufgenommen hat, eines Kindes, das nicht mehr glücklich, sondern erwachsen ist. Ich schicke diesen Brief hinaus an jenen einen, von dem ich noch immer nicht weiß, ob ich ihn getroffen habe …

IRISCHES SEGENSGEBET

Ostersegen

Wie das Licht am Ostermorgen,
so leuchte uns dein Segen.
Christus ist auferstanden:
Möge sein Friede uns beflügeln
und seine Freude uns anrühren.
Christus ist auferstanden.
In diesem Glauben bewahre uns
der allmächtige Gott.

REISETIPP

BROTVERMEHRUNGSKIRCHE IN TABGHA

Am nordwestlichen Ufer des Sees Gennesaret in Israel steht die Brotvermehrungskirche mit dem dazugehörigen Benediktinerkloster. Bei Ausgrabungen im Bereich der im 7. Jahrhundert zerstörten byzantinischen Brotvermehrungskirche kam im Jahr 1911 das berühmte Brot- und Fisch-Mosaik zum Vorschein. Stilistische Merkmale ermöglichten eine Datierung in die Mitte des 5. Jahrhunderts. Um die Mosaiken dauerhaft zu schützen, errichtete man 1980–82 auf den Grundmauern der byzantinischen Kirche ein neues Gotteshaus.
Das auf die Brotvermehrung hinweisende Mosaik war ursprünglich hinter dem Altar angebracht, weil während des Gottesdienstes der Priester vor dem Altar stand und mit den Gläubigen Richtung Osten betete. Bei der Entdeckung waren die beiden Fische im unteren Teil zerstört. Im Rahmen der Restaurierung wurden sie so geschickt ergänzt, dass das heute nicht mehr zu erkennen ist.

April

Mo	1	Ostermontag	Hugo von Grenoble, Irene von Thessaloniki, Cäsarius von Speyer
Di	2		Franz von Paola, Sandrina (Sandra), Maria von Ägypten
Mi	3		Aloisius Scrosoppi, Richard v. Chichester, Elisabeth Koch
Do	4		Isidor von Sevilla, Konrad von Weißenau, Benedikt von San Fratello
Fr	5		Juliana von Lüttich, Vinzenz Ferrer, Crescentia Höß, Gerhard
Sa	6		Petrus der Märtyrer, Notker der Stammler, Wilhelm von Aebelholt
So	7	2. So. der Osterzeit	Johann Baptist de la Salle, Burchard von Halberstadt
Mo	8	Verkündigung des Herrn	Walter von Rebais, Beate von Ribnitz, Maria Rosa Julia Billiart
Di	9		Waltraud v. Mons, Konrad I., Hugo v. Rouen, Dimitri v. Saloniki
Mi	10		Magd. Gabriela von Canossa, Engelbert von Admont, Pierre
Do	11		Stanislaus von Krakau, Reiner von Osnabrück, Gemma Galgani
Fr	12		Julius I., Herta v. Rom, Josef Moscati, Damian v. Pavia
Sa	13		Martin I., Ida von Boulogne, Paulus der Diakon
So	14	3. So. der Osterzeit	Lidwina die Dulderin (Lydia), Ernestine von Neuburg (Erna)
Mo	15		Nidgar von Augsburg, Waltmann von Antwerpen, Huna (Unna)
Di	16		Bernadette Soubirous, Benedikt Josef Labre, Magnus v. Schottland
Mi	17		Eberhard von Wolfegg, Max Josef Metzger, Katharina Tekakwitha
Do	18		Wigbert (Wigo) v. Augsburg, Ursmar v. Lobbes (Urs), Aya v. Mons
Fr	19		Leo IX., Marcel Callo, Gerold v. Großwalsertal, Friedrich v. Altzelle
Sa	20		Wilhelm der Pilger, Agnes v. Montepulciano, Odette v. Rivreulle (Uta)
So	21	4. So. der Osterzeit	Konrad v. Parzham, Anselm v. Canterbury, Alexandra v. Ägypten
Mo	22		Kajus v. Rom (Kai), Wolfhelm v. Brauweiler, Leonides v. Alexandria
Di	23		Adalbert von Prag, Georg der Märtyrer (Jörg), Gerhard von Toul
Mi	24		Fidelis von Sigmaringen, Wilfried von York, Egbert von Irland
Do	25		Evangelist Markus, Ermin (Erwin) v. Lobbes, Franca Visalta, Hermann I.
Fr	26		Ratbert von Corbie, Richarius von Centula, Helene Leuther
Sa	27		Petrus Kanisius, Zita, Floribert von Lüttich, Simon von Jerusalem
So	28	5. So. der Osterzeit	Peter Chanel, Vitalis und Valeria, Ludwig M. Grignion
Mo	29		Katharina von Siena, Hugo von Cluny, Roswitha von Liesborn
Di	30		Pius V., Bernhard II., Pauline v. Mallinckrodt, Rosamunde v. Vernon

Sehnsucht nach Heilung

P. ANSELM GRÜN OSB

Der Herr ist mein Hirt – Psalm 23

Für viele, die in ihrer Not vor Gott verstummt sind, ist Psalm 23 ein Hoffnungspsalm. In ihm finden sie Worte, die sie in ihrer Sprachlosigkeit vor Gott doch aussprechen können. Und indem sie sie sprechen, spüren sie, dass sie in diesen Worten ihr eigenes Leben vor Gott zur Sprache bringen. Eine Frau erzählte mir kurz vor ihrem Sterben, dass es ihr jetzt auf dem Sterbebett schwerfällt zu beten. Doch den Psalm 23, den sie ihr Leben lang geschätzt hat, den kann sie noch sprechen. Sie kann ihn auswendig. Und so kommen diese Worte immer wieder in ihr hoch. Sie begleiten sie in ihrem Sterben und geben Trost und Zuversicht. Der Philosoph der Aufklärung, Immanuel Kant, bekennt über diesen Psalm: „Alle Bücher, die ich gelesen habe, haben mir den Trost nicht gegeben, den mir dies Wort der Bibel gab.“ Seit Jahrhunderten beten die Menschen diesen Psalm in den Nöten, die sie jeweils bedrängen. Sie lassen sich berühren von diesen Worten und erfahren dann oft genug, dass die Turbulenzen ihrer Seele sich beruhigen, dass sie eine tiefe Ruhe in sich spüren und mit Hoffnung und Vertrauen erfüllt werden.

Wir Mönche beten jede Woche die 150 Psalmen. Das mag für manche fremd erscheinen, die gewohnt sind, frei zu beten. Doch Johannes Cassian hat um das Jahr 400 den damaligen Mönchen erklärt, wie sie die Psalmen beten können. Und das gilt auch für uns heute: Wir sollen sie so beten, als ob sie nicht vom Psalmendichter vor 3000 Jahren geformt worden wären, sondern so, als würden wir sie als unser eigenes Gebet selbst hervorbringen, als wären wir selber ihre Dichter. Wir benutzen vorgeformte Worte, doch im Gebet werden sie zu unseren Worten. Wir werden gleichsam ihre eigenen Verfasser.

PSALM 23

Der Herr ist mein Hirt, nichts kann mir fehlen. / Auf grünen Auen lässt er mich lagern. / Er führt mich zur Ruhe an frische Wasser, / er stillt mein Verlangen. / Er leitet mich auf rechten Pfaden / getreu seinem Namen. / Muss ich auch gehen in finsterer Schlucht, / ich fürchte kein Unheil: / Du bist ja bei mir! / Dein Stab und dein Stecken, / sie geben mir Zuversicht. / Du deckst mir den Tisch / vor den Augen meiner Bedränger. / Du salbst mein Haupt mit Öl, / bis zum Rande gefüllt ist mein Becher. / Nur Güte und Liebe werden mich verfolgen / alle Tage meines Lebens. / Und wohnen darf ich im Hause des Herrn / bis in die fernsten Tage.

(Übersetzung: Münsterschwarzacher Psalter)

In Rom war mein Lehrer im Alten Testament der Benediktiner Notker Füglister aus der Abtei Disentis in der Schweiz. Er hat uns Studenten die Liebe zu den Psalmen vermittelt. Er war auch maßgeblich bei der Psalmenübersetzung für den Münsterschwarzacher Psalter beteiligt. Für Füglister sind die Psalmen Gedichte. Und ein Gedicht nimmt uns hinein in das, was es ausdrückt. Vom Psalm 23 sagt Füglister: „Ich werde, wiederum kraft des Dichterischen, hineingenommen in die Liebe und beginne die Nähe Gottes, von der die Rede ist, zu verspüren." Und er meint, als Gedichte haben die Psalmen eine evokative Sprache. Sie wecken in uns auf, was verborgen in unserer Seele an Gefühlen und Sehnsüchten schlummert: „Sie leiht den in uns schlummernden Gefühlen – der stillen Trauer etwa oder einer geheimen Sehnsucht – jene Stimme, ohne die unser Innerstes und Tiefstes ungesagt und unsagbar und damit unaktualisiert bliebe. Mit anderen Worten: Durch die Dichtung kommt der Mensch zu sich."
Seit 3000 Jahren beten diesen Psalm Juden und Christen. Indem wir den Psalm beten, haben wir teil an der Glaubenskraft und Lebenskraft so vieler Menschen, die die Worte dieses Psalms gebetet und damit ihr Leben bewältigt haben. So treten wir beim Beten dieses Psalmes ein in eine ewige Gemeinschaft von den vielen Menschen, die diesen Psalm vor uns gebetet haben, und von denen, die heute diesen Psalm auf der weiten Welt – über die Grenzen des Christentums hinweg – beten und darin ihre Sehnsucht nach Hilfe und Heilung zum Ausdruck bringen.

MANFRED BECKER-HUBERTI

Dominica in albis oder Weißer Sonntag

Weil in Rom die Täuflinge zum ersten Mal am ersten Fastensonntag in weißen Kleidern in die Kirche einzogen, galt dieser Sonntag ursprünglich als Weißer Sonntag. Heute trägt der erste Sonntag nach Ostern diese Bezeichnung, dem Tag, an dem früher die Täuflinge zum letzten Mal ihr weißes Kleid trugen.

Der erste Sonntag nach Ostern hat seine Bedeutung als Tag der feierlichen Erstkommunion erst nach dem Konzil von Trient (1545–1563) gewonnen. Je nach Gegend schwankte das Alter der Erstkommunikanten zwischen sieben und vierzehn Jahren, denn das IV. Laterankonzil 1215 hatte das Alter für den ersten Empfang der Kommunion nicht genau festgelegt. Die Eltern mussten ihre Kinder selbst vorbereiten und bestimmten auch den Termin der Erstkommunion.

Vor allem die Jesuiten nahmen sich nach dem Tridentinum der Erstkommunion an. Sie bereiteten die Kinder gemeinsam vor. Und weil das Fest der Kinder nicht durch die Pflichtkommunion der Eltern zu Ostern beeinträchtigt werden sollte, wählte man den Sonntag nach Ostern zum Festtermin und nannte ihn Weißer Sonntag. 1661 geschah dies zum ersten Mal in München.

Der Weiße Sonntag als Tag der feierlichen Erstkommunion wurde in der Mitte des 19. Jahrhunderts festgeschrieben, wovon jedoch nach diözesanem Recht befreit werden kann. Die Mädchen nahmen als Kommunionkinder formal die Tradition der Täuflinge als Bräute Christi oder Engel auf. Als Bräutigam werden die männlichen Kommunionkinder gekleidet. Während der Aufklärung, der Naziherrschaft und während der sozialistischen Diktatur in der früheren DDR war der Weiße Sonntag eine Gelegenheit zum öffentlichen Glaubensbekenntnis.

Tipp von Sr. Hedwig

KRESSE

Jetzt im Frühjahr lohnt es sich, Kresse auf den Speisezettel zu setzen. Kresse ist nicht nur gesund, sie macht auch munter.
In der Küche finden meist nur die jungen Sprosse mit den Keimblättern Verwendung. In den zarten grünen Blättchen der Kresse steckt mehr Power, als man meinen sollte. Sie schmecken nicht nur rettichartig scharf, Gartenkresse enthält viel Vitamin C, dazu die Vitamine B_1 und K sowie Carotin, Schwefel und Eisen. Sie wirkt sehr erfrischend, wird bei Frühjahrsmüdigkeit eingesetzt und soll die Produktion roter Blutkörperchen anregen. Auch wird ihr nachgesagt, dass sie bei Haarausfall und Kopfschmerzen helfen soll. Übrigens: Kresse passt nicht nur aufs Butterbrot, sondern auch sehr gut zu Salat, Mayonnaise, Kräuterbutter und Käse. In der Zeit nach Ostern lassen sich die übrig gebliebenen hart gekochten Eier mit Kresse gut anrichten und auch servieren. Ebenfalls zu Quarkgerichten aller Art passt die Kresse ausgezeichnet.

MARIA STIEFL-CERMAK

Magnolie

Quarzrosa,
zerbrechliche Magnolie,
wie aus Seide gewebt.
Tulpenblätterig sich Öffnende
in einer Frühlingsnacht.

Liebliches, schönes Mädchen, das
du so schüchtern strahlst
und seit Millionen von Jahren
Traumgebilde malst.

Frühlingswunderverkündende,
Sonne- und Lichtstrahlenfindende.
Schwerelos, transparentes
Blumenwesen,
an dir kann die winterliche Seele
genesen.

KALENDERBLATT

Immanuel Kant – 300. Geburtstag

Vor 300 Jahren, am 22. April 1724, kam im ostpreußischen Königsberg Immanuel Kant zur Welt. Er ist einer der wichtigsten Autoren der europäischen Philosophiegeschichte und beeinflusst die philosophische Diskussion bis in unsere Zeit. Sein 1781 erschienenes Buch „Kritik der reinen Vernunft" gilt als Beginn der modernen Philosophie. In seinen Werken „Grundlagen der Metaphysik der Sitten" (1785) und „Kritik der praktischen Vernunft" (1788) vertritt Kant die Existenz Gottes, die Unsterblichkeit der Seele und das Vernunftwesen des Menschen als notwendige Forderungen der praktischen Vernunft. Immanuel Kant lehrte an der Universität Königsberg als Professor Metaphysik und Logik. Er starb 1804 in seinem Geburtsort.

Konrad von Parzham

Johann Birndorfer kam 1818 in einer Bauernfamilie in Parzham in Niederbayern zur Welt. Schon früh hatte er den Wunsch, Priester zu werden und in ein Kloster einzutreten, wurde aber immer wieder abgewiesen. So arbeitete er auf dem elterlichen Hof. Erst im Alter von 30 Jahren fand er Aufnahme im Kapuzinerkloster Altötting und nahm den Namen Konrad an. Bescheiden und unauffällig versah er 41 Jahre lang den Pförtnerdienst und sorgte sich um die Wallfahrer. Die Kinder aus den armen Altöttinger Familien, die bettelnd an seine Pforte kamen, gingen nie leer aus. Das Gebet und der Empfang der hl. Kommunion waren trotz eines 18-Stunden-Arbeitstages sein Lebensmittelpunkt. Konrad von Parzham starb vor 130 Jahren am 21. April 1894. Papst Pius XI. sprach ihn 1930 selig und 1934 heilig.

REZEPT

Erbsenrisotto mit Parmaschinken und Frühlingszwiebeln

ZUTATEN

für 4 Personen

- 320 g Risottoreis
- 100 g Parmesan
- 500 g gefrorene Erbsen
- 2 Schalotten
- 150 ml Weißwein, z. B. Müller-Thurgau
- 1,5 l Gemüsebrühe
- 6 Scheiben Parmaschinken
- 1 Bund frische Petersilie
- Bratöl

ZUBEREITUNG

Schalotten fein würfeln, Petersilie hacken, Parmesan reiben. In einem Topf die Hälfte der Schalotten mit Reis anschwitzen. Reis mit Weißwein ablöschen, Wein einkochen und nach und nach die heiße Brühe einrühren. Der Reis darf niemals „trocken" werden. In einem zweiten Topf die restlichen Schalotten erhitzen und mit den Schinkenstreifen scharf anbraten, dann Erbsen dazugeben und mit ein wenig Wasser bei geschlossenem Deckel 6 min garen. Hat der Risottoreis eine cremige, noch bissfeste Konsistenz erreicht, Parmesan und Erbsen-Schinkenmischung sowie Petersilie unterheben.

Küchentipps

Schalotten

Übergießt man Schalotten mit kochendem Wasser und wartet dann ca. fünf Minuten, dann lassen sie sich leichter abziehen.

Parmaschinken

Die köstlichen dünnen Scheiben vom Parmaschinken eignen sich hervorragend als Topping für Salat, Flammkuchen und Pizza. Der Schinken wird jedoch nicht mitgebacken, sondern direkt vorm Servieren auf das herzhafte Gebäck gelegt.

Schmackhafte Erbsen

Erbsen sind vielfältig einsetzbar. Probieren Sie doch einmal Erbsensuppe mit Feta und Dill oder Süßkartoffel-Toasts mit einem Avocado-Erbsen-Püree.

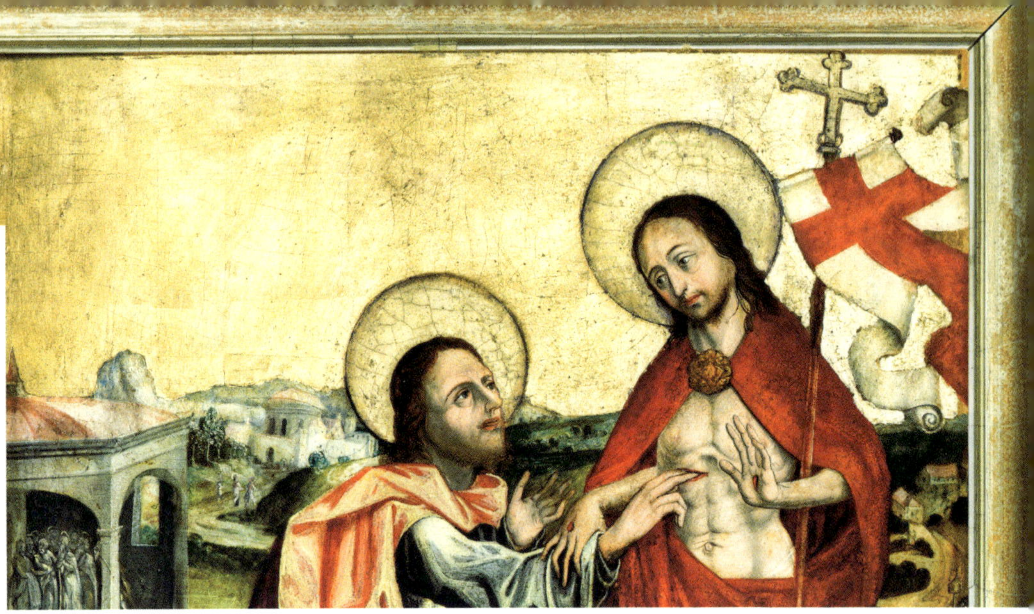

ANDREA SCHWARZ

Ehrenrettung für Thomas

Der „ungläubige Thomas“, das ist zu einer allgemeinen Redensart geworden. Man bezeichnet damit gerne einen Skeptiker und all diejenigen, die nicht so schnell zu überzeugen sind. Und da klingt durchaus etwas Abwertendes und Geringschätziges mit.
Drehen wir es doch einmal um. Thomas war der einzige der Jünger, der sich aus dem Raum, in dem die Jünger sich versteckt hielten, hinausgetraut hat, vielleicht, um die Lage zu erkunden, vielleicht, um etwas zum Essen zu organisieren. Er übernimmt nicht einfach das, was andere gesehen und erlebt haben, er will sich seine eigene Meinung bilden. Er traut sich, das zu sagen, was er denkt. Und all das darf so sein. Er wird deshalb nicht aus dem Kreis der Jünger ausgeschlossen.
Thomas – das heißt „Zwilling“. Und das könnte eine gute Spur sein.
„Glaube“ und „Zweifel“ gehören zusammen. Ein Glaube, der durch den Zweifel hindurchgegangen ist, ist stärker. Ein Glaube, der fragt, sucht Antworten. Ein Glaube, der sucht, wagt sich hinaus. Ein Glaube, der Stellung beziehen will, übernimmt nicht einfach das, was die Mehrheit glaubt.
Und wenn einer durch all diese Zweifel, dieses Suchen, das Fragen hindurchgegangen ist und dann sagen kann: „Mein Herr und mein Gott!“ – dem nehme ich ihm sein Bekenntnis auch ab. Denn er glaubt trotz all seiner Zweifel.

Wenn ich nicht das Mal der Nägel an seinen Händen sehe und wenn ich meinen Finger nicht in das Mal der Nägel und meine Hand nicht in seine Seite lege, glaube ich nicht.
Joh 20,25

DU KOMMST ZU MIR

Der Zweifel verwandelt sich in Zuversicht,
die Angst in Vertrauen,
die Kraftlosigkeit in Mut,
die Ratlosigkeit in Stärke,
die Sprachlosigkeit in Worte,
die Ausweglosigkeit in Ziele.

Reinhold Ruthe

Thomas

Auch wir sind wie Thomas.
Wir lieben den Zweifel,
verlangen nach Zeichen und
Wundern.
Wir begehren zu sehen.

Auch wir möchten greifen,
die Wahrheit berühren.
Wir möchten beweisen und suchen
nach Fakten, die messbar sind.

Auch wir glauben nicht gern,
vertrauen den Sinnen
und sagen: „Solange ich nicht ..."
Wir setzen Bedingungen.

Auch wir schließen uns ein,
verriegeln das Herz
vor deinem fordernden Anruf.
Ihm möchten wir uns entziehen.

Herr, du kannst die Zweifel
und Ängste vertreiben.
Mach uns bereit und öffne die Tür
für die Begegnung mit Dir.

Walter Rupp SJ

REINHOLD STECHER

Der Stecken

Das kleine Dorf feiert die heilige Firmung. Auf der Straße vor dem Pfarrhof formieren sich Musikkapelle, Firmlinge, Patinnen und Paten zum Einzug. Die ersten Erinnerungsfotos werden geschossen, und der Dorfchronist bannt das Ereignis auf Schmalfilm. Von den Häusern wehen die weiß-roten Fahnen, und am Kirchturm flattert die weiß-gelbe. Es liegt ein Hauch von Festlichkeit über der Gemeinde. Das Ereignis ist in ein Flair von Gemeinsinn, Familiarität, Herzlichkeit und Traditionsbewusstsein getaucht – und der wunderbare Morgen über den silbrigen Bergketten trägt das Seine dazu bei.

Inzwischen hat sich im Pfarrhof die Ministrantenschar aufgestellt, Mädchen und Buben, mit jener feierlichen Dienstbeflissenheit, die dem Anlass gebührt.

Und trotzdem weiß ich natürlich, dass die Idylle in manchem täuscht. Was wird der Glaube für diese jungen Menschen, die sich da mit weißen Sträußchen am Revers des Anzugs oder an der Tracht aufstellen, in zwei, fünf und zehn Jahren bedeuten? Die eifrigen Firmhelferinnen und Firmhelfer, die sich in kleinen Gruppen um sie gemüht haben, brauchen manchmal ein gerütteltes Maß an Frustrationstoleranz. Wenn man es etwa mit den Maßstäben einer ökonomisch orientierten Gesellschaft ausdrücken wollte, könnte man sagen, dass sich der Produktionsausstoß von glühenden Christen nach der heiligen Salbung in Grenzen hält. Die Pastoralstrategen der Kirche blättern stirnrunzelnd in den Statistiken, schütteln die Köpfe und schreiben kritikreiche Kommentare, die im Einzelnen zu beherzigen und im Ganzen wenig motivierend sind.

Hie und da kommt mir der Gedanke, ob wir in der Kirche nicht ein bißchen zu viel Managementdenken haben, so etwa, als ob wir eine Waschmittelfirma mit gewissen Absatzschwierigkeiten wären und nicht Diener des ewigen Heils, das nach seinen eigenen Gesetzen strömt ... Ich will mir darum diesen Tag und diese Stunde nicht allzu sehr trüben lassen. Ich halte es lieber mit dem Wind, der über Giebel und Turm streift. Ich hoffe, dass bei ihm auch jener Hauch mitweht, von dem man nicht weiß, woher er kommt und wohin er geht und wo und wann er dann doch wieder ein Herz anrührt und die schlaffen Segel einer Seele wieder füllt und eine Nebelbank zerreißt. So schau ich durch das Fenster etwas getröstet auf die festlichen Menschen und die flatternden Fahnen ...

Inzwischen hat sich im Pfarrhof die Ministrantenschar aufgestellt, Mädchen und Buben, mit jener feierlichen Dienstbeflissenheit, die dem Anlass gebührt.

Der Bischof kommt nicht jeden Tag. Zwei Knirpse aus der Volksschule haben eine Sonderaufgabe. Mit weißen Schals halten sie Mitra und Stab. Die Schals dienen nicht nur der Würde. Ohne sie wäre meine Bischofsmütze schon längst eine kriminologisch horchinteressante Sammlung aller Ministrantenpratzen von Tirol. So stehen die beiden also da und halten ihre Schätze: die silber-seidene Infel und den Stab mit der Elfenbeinkrümme aus dem 12. Jahrhundert, auf der Tierfiguren und wirre Ranken in einen Schlangenkopf auslaufen, dem der Pfeil des Gotteswortes im Maul steckt. Der erste Besitzer dieses Stabes wird vor 800 Jahren manchmal auch schon sorgenvolle Gedanken gehabt und einen Trost gebraucht haben – wie sein Kollege am Ende des 20. Jahrhunderts.

„Brauchst den Stecken aa?“ In dieser Form ist mir das erhabene Zeichen bischöflicher Würde noch nie angeboten worden.

Draußen beginnen die Glocken zu läuten. Wir müssen aufbrechen. Der Sekretär nimmt dem einen Ministranten die Mitra ab und setzt sie mir auf. Da sagt der andere, der den Stab hält, im gewohnten Dialekt zu mir:

„Brauchst den Stecken aa?“

In dieser Form ist mir das erhabene Zeichen bischöflicher Würde noch nie angeboten worden. Aber das ist eben zeremonielle Konversation à la tyrolienne ... Ich antworte in der gleichen vertrauten Tonlage:

„Ja, den brauch i aa!“

Der Pfarrer neben mir unterdrückt ein Grinsen, und ich ziehe los mit Mitra und Stab, und der Steckenadjutant trippelt stolz hinter mir her.

Ich brauch den „Stecken“ ja wirklich. Ich werde mit meinem Stab zwar keine Wunder vollbringen wie weiland Moses vor dem Pharao. Ich kann ihn leider auch nicht über das wogende Meer unserer Zeit ausstrecken und die Wasser des Schilfmeeres teilen. Und mein Stab wird nie Zweige, Blüten und Blätter sprießen lassen wie Aarons Stab, den man später in der Bundeslade aufbewahrt hat. Aber manchmal, wenn ich ihn in die Hand nehme, fällt mir doch ein Bibelwort ein – aus dem 23. Psalm: „Dein Stecken und Dein Stab, die trösten mich!“

Allerdings, wenn ich die Geschichte dieses Hirtensymbols in der Kirche genauer studiere, dann ist sie nicht ganz so fromm und eindeutig wie unsere heutige Auslegung. Der Krummstab hat eine etwas verdächtige Herkunft aus dem byzantinischen Beamtenwesen. Als Symbol der Macht reicht das Zepter mit der Krümme zurück bis zu

den ägyptischen Pharaonen. In der Kirche taucht es als Zeichen des Bischofs erst spät auf. Weder der heilige Nikolaus noch der heilige Augustinus haben einen Bischofsstab verwendet. Der Stab war eigentlich ein Zeichen des Rechts und der Vollmacht. Und als die Bischöfe Territorialherren und Fürsten wurden, haben sich Kaiser und Könige darum gerissen, dass sie dem neu geweihten Bischof den Stab verleihen durften. Bis ins Hochmittelalter hinein hat der Bischof den Stab nicht selbst in der Hand gehabt. Er wurde ihm beim Gottesdienst vorangetragen.

Der „Stecken“ hat also eine gewisse Zweideutigkeit. Man muss ihn mit Vorsicht in die Hand nehmen. Das Hirtenzeichen hat auch Fehldeutungen erlebt, die alle in Richtung Macht, Würde, Befehlsgewalt, Zepter und Feldherrnstab gegangen sind. Und darum muss man aufpassen, dass diese historischen Belastungen nicht immer wieder auftauchen und der heilige Stab nicht zum nutzlosen Stecken wird.

Ich bin ja nun auf Grund meines Alters gerade dabei, den Bischofsstab abzugeben. Angesichts dieser Stafettenübergabe fühle ich mich gedrängt, Missdeutungen dieses Stabes auszuräumen und die Chancen dieses Symbols zu vertiefen. Aber derartige moralische Appelle sind meistens sehr langweilig – und je höhergestellt die Adressaten sind, umso heikler wird die Sache sowieso. Ich habe mich daher entschlossen, meine testamentarischen Ratschläge über den sinnvollen und missbräuchlichen Umgang mit dem Bischofsstab grafisch darzustellen. Vielleicht prägt sich damit die richtige Handhabung des „Steckens“ leichter ein ...

CARLO MARIA KARDINAL MARTINI

Gebet

Jesus,
lass uns dich erkennen,
öffne unsere Augen,
damit wir dich
erblicken können.

Lass uns die Wahrheit,
die wir erfahren,
einfach und klar,
aber auch mutig
zum Ausdruck bringen,
damit sie für die anderen
klar, erhellend, befeuernd ist.

REISETIPP

KAPUZINERKLOSTER ALTÖTTING

In der Altöttinger Kapuzinerkirche ruht der hl. Konrad von Parzham in einem Reliquiar unter der Altarmensa. Heute tragen Kirche und Kloster seinen Namen. Unverändert erhalten blieben die Klosterpforte und die Alexiuszelle, in der Konrad oft betete. Ein Museum gegenüber der Kirche zeigt Erinnerungsstücke an Bruder Konrad.
Im Venushof, dem Bauernhof der Familie, befindet sich heute eine Gedenkstätte. Das Geburtszimmer Konrads und die Schlafkammer des Hauses sind original erhalten. Ein Nebengebäude wurde zum Museum umgestaltet. Die Gemeinschaft „Lumen Christi" betreut die Wallfahrer.
Kapuzinerkloster St. Konrad, Bruder-Konrad-Platz 5, 84503 Altötting, www.bruder-konrad.de/Kloster/Kloster.php
Bruder-Konrad-Hof: Parzham 4, 94086 Bad Griesbach, www.bruder-konrad-hof.de

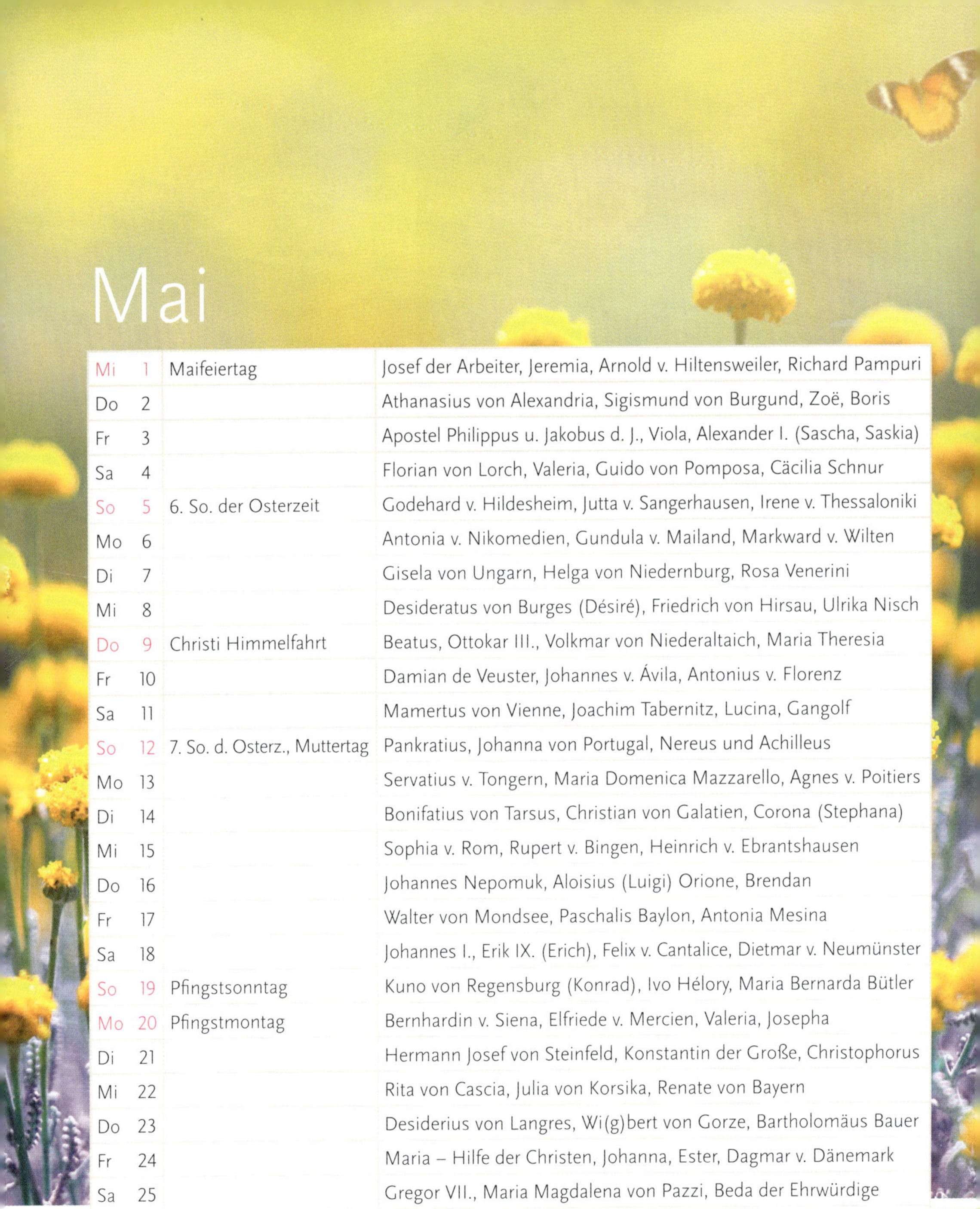

Mai

Mi	1	Maifeiertag	Josef der Arbeiter, Jeremia, Arnold v. Hiltensweiler, Richard Pampuri
Do	2		Athanasius von Alexandria, Sigismund von Burgund, Zoë, Boris
Fr	3		Apostel Philippus u. Jakobus d. J., Viola, Alexander I. (Sascha, Saskia)
Sa	4		Florian von Lorch, Valeria, Guido von Pomposa, Cäcilia Schnur
So	5	6. So. der Osterzeit	Godehard v. Hildesheim, Jutta v. Sangerhausen, Irene v. Thessaloniki
Mo	6		Antonia v. Nikomedien, Gundula v. Mailand, Markward v. Wilten
Di	7		Gisela von Ungarn, Helga von Niedernburg, Rosa Venerini
Mi	8		Desideratus von Burges (Désiré), Friedrich von Hirsau, Ulrika Nisch
Do	9	Christi Himmelfahrt	Beatus, Ottokar III., Volkmar von Niederaltaich, Maria Theresia
Fr	10		Damian de Veuster, Johannes v. Ávila, Antonius v. Florenz
Sa	11		Mamertus von Vienne, Joachim Tabernitz, Lucina, Gangolf
So	12	7. So. d. Osterz., Muttertag	Pankratius, Johanna von Portugal, Nereus und Achilleus
Mo	13		Servatius v. Tongern, Maria Domenica Mazzarello, Agnes v. Poitiers
Di	14		Bonifatius von Tarsus, Christian von Galatien, Corona (Stephana)
Mi	15		Sophia v. Rom, Rupert v. Bingen, Heinrich v. Ebrantshausen
Do	16		Johannes Nepomuk, Aloisius (Luigi) Orione, Brendan
Fr	17		Walter von Mondsee, Paschalis Baylon, Antonia Mesina
Sa	18		Johannes I., Erik IX. (Erich), Felix v. Cantalice, Dietmar v. Neumünster
So	19	Pfingstsonntag	Kuno von Regensburg (Konrad), Ivo Hélory, Maria Bernarda Bütler
Mo	20	Pfingstmontag	Bernhardin v. Siena, Elfriede v. Mercien, Valeria, Josepha
Di	21		Hermann Josef von Steinfeld, Konstantin der Große, Christophorus
Mi	22		Rita von Cascia, Julia von Korsika, Renate von Bayern
Do	23		Desiderius von Langres, Wi(g)bert von Gorze, Bartholomäus Bauer
Fr	24		Maria – Hilfe der Christen, Johanna, Ester, Dagmar v. Dänemark
Sa	25		Gregor VII., Maria Magdalena von Pazzi, Beda der Ehrwürdige
So	26	Dreifaltigkeitssonntag	Philipp Neri, Alwin von Elmham, Maria Anna von Jesus
Mo	27		Augustinus v. Canterbury, Bruno v. Würzburg, Julius v. Durostorum
Di	28		Wilhelm von Aquitanien, Germanus von Paris, Margareta Pole
Mi	29		Paul VI., Ursula Ledóchowska, Irmtrud, Maximin von Trier
Do	30	Fronleichnam	Johanna von Orleans (Jeanne d'Arc), Ferdinand III., Reinhild
Fr	31		Petronilla von Rom (Petra), Mechthild von Dießen, Felix von Nicosia

Den Nächsten suchen

PAPST FRANZISKUS

Unruhe schaffen

Das Hochfest Pfingsten gedenkt der Ausgießung des Heiligen Geistes über die im Abendmahlssaal versammelten Apostel. Wie Ostern hat sich das Ereignis während eines bereits bestehenden jüdischen Festes zugetragen, und es bringt eine überraschende Erfüllung. Das Buch der Apostelgeschichte beschreibt die Zeichen und Früchte jener außerordentlichen Ausgießung: den heftigen Sturm und die Zungen wie von Feuer; die Angst verschwindet und an ihre Stelle tritt der Mut; die Zungen lösen sich und alle verstehen die Verkündigung. Wohin der Geist Gottes gelangt, da wird alles neu geboren und verwandelt sich. Das Pfingstereignis bezeichnet die Geburt der Kirche und ihr Sichtbarwerden in der Öffentlichkeit; und zwei Merkmale beeindrucken uns: Es ist eine Kirche, die überrascht und Unruhe schafft.
Ein grundlegendes Element des Pfingstfestes ist die Überraschung. Unser Gott ist der Gott der Überraschungen, das wissen wir. Niemand erhoffte sich noch etwas von den Jüngern: Nach dem Tod Jesu waren sie ein unbedeutendes Grüppchen, unterlegene Waisen ihres Meisters. Dagegen kommt es zu etwas Unerwartetem, das Staunen erregt: Die Leute sind ganz bestürzt, da jeder die Apostel in seiner Sprache reden hörte, während sie von Gottes großen Taten erzählten (vgl. Apg 2,6-7.11). Die Kirche, die an Pfingsten geboren wird, ist eine Gemeinschaft, die in Staunen versetzt, da sie mit der Kraft, die von Gott kommt, eine neue Botschaft verkündet – die Auferstehung Christi – in einer neuen Sprache – jener universalen Sprache der Liebe. Eine neue Verkündigung: Christus lebt, er ist auferstanden; eine neue Sprache: die Sprache der Liebe. Die Jünger sind von einer Kraft erfüllt, die aus der Höhe kommt, und sprechen mutig – wenige Minuten vorher waren sie alle Feiglinge, doch nun sprechen sie mutig und offen mit der Freiheit des Heiligen Geistes. Die Kirche ist immer berufen, so zu sein: fähig zu überraschen, indem sie allen verkündet, dass Jesus, der Chris-

ATME IN MIR

Atme in mir,
du Heiliger Geist,
dass ich Heiliges denke.
Treibe mich,
du Heiliger Geist,
dass ich Heiliges tue.
Locke mich,
du Heiliger Geist,
dass ich Heiliges liebe.

Stärke mich,
du Heiliger Geist,
dass ich Heiliges hüte.
Hüte mich,
du Heiliger Geist,
dass ich das Heilige
nie verliere.

Augustinus von Hippo

tus, den Tod besiegt hat, dass die Arme Gottes immer offen sind, dass uns seine Geduld immer erwartet, um uns zu heilen, um uns zu vergeben. Gerade für diese Sendung hat der auferstandene Jesus der Kirche seinen Geist geschenkt.

Wenn die Kirche lebendig ist, muss sie immer überraschen. Das Überraschen gehört zur lebendigen Kirche. Eine Kirche, die nicht imstande ist zu überraschen, ist eine schwache, kranke, sterbende Kirche und muss so bald wie möglich in eine Wiederbelebungsstation eingeliefert werden!

Mancher in Jerusalem hätte es vorgezogen, dass die Jünger Jesu vor Angst gelähmt im Haus eingeschlossen geblieben wären, um keine Unruhe zu stiften. Auch heute ist es das, was viele von den Christen wollen. Dagegen drängt sie der auferstandene Herr, in die Welt hinauszugehen: „Wie mich der Vater gesandt hat, so sende ich euch" (Joh 20,21). Die pfingstliche Kirche ist eine Kirche, die sich nicht damit abfindet, harmlos zu sein, allzu „destilliert" zu sein. Nein, damit findet sie sich nicht ab! Sie will kein dekoratives Element sein. Sie ist eine Kirche, die nicht zögert hinauszugehen, den Menschen entgegen, um die ihr anvertraute Botschaft zu verkünden, auch wenn jene Botschaft die Gewissen aufrüttelt oder in Unruhe versetzt, auch wenn jene Botschaft vielleicht Probleme mit sich bringt und uns bisweilen zum Martyrium führt. Sie wird als eine und universale Kirche geboren, mit einer präzisen, doch offenen Identität, eine Kirche, die die Welt umarmt, sie jedoch nicht gefangen nimmt; sie lässt sie frei, doch sie umarmt sie wie die Kolonnaden dieses Platzes: zwei Arme, die sich öffnen, um aufzunehmen, die sich jedoch nicht schließen, um festzuhalten. Wir Christen sind frei, und die Kirche will, dass wir frei sind!

MARTINA LIEBHÄUSER-HAGGENMÜLLER

Fronleichnam

Lange ist es her, dass ich das letzte Mal in Murnau am Staffelsee im schönen Oberbayern war. Als junge Frau hatte ich dort vier Jahre gearbeitet und sehr gute Freunde gefunden, die ich heute am Fronleichnamstag besuche. Ich freue mich darauf, denn es weckt schöne Erinnerungen.

Vor vielen Jahren war es für uns junge Leute selbstverständlich, am Hochfest des Leibes und Blutes Christi aktiv teilzunehmen. Ich erinnere mich noch an mein schlechtes Gewissen, als ich verschlafen nicht rechtzeitig die rot-goldenen Tücher aus den Fenstern gehängt und die Fähnchen in den Blumenkästen platziert hatte. Ich wohnte direkt neben der Kirche und als Kirchenglocken und Blasmusik mich weckten, wurde ich fast ohnmächtig. Rasend schnell und hoffend, das niemand etwas bemerkt, erledigte ich meine Aufgaben. Nun aber flugs unter die Dusche, rein ins Dirndl und sich unauffällig in die Prozession eingereiht! Das wäre geschafft. Natürlich hatten einige mein nachträgliches Dekorieren und Zuspätkommen bemerkt und so wurde ich beim anschließenden gemeinsamen Essen und Feiern auf dem Kirchplatz ordentlich hochgenommen.

Eine so schöne, heitere und ehrliche Gemeinschaft habe ich seither tatsächlich nie mehr erlebt. Wir feierten bis in den späten Abend und erlebten, was es heißt, im Glauben und im Leben verbunden zu sein. Durch die Straßen zu ziehen mit der Monstranz bedeutet zu demonstrieren, das heißt öffentlich zu zeigen, was uns wichtig ist: Das Brot des Lebens schenkt Gnade und gibt Kraft und Freude in allen Lebenslagen, nicht weniger und nicht mehr. Und das darf jeder sehen.

Tipp von Sr. Hedwig

KRÄUTERGARTEN

Jetzt ist die ideale Pflanzzeit und auch die Gelegenheit, einen eigenen Kräutergarten anzulegen. Kräuter und Gewürze verfeinern nicht nur unsere Speisen, sie sind auch gesund und bringen mehr Geschmack in unsere Küche. Wer keinen Garten hat, kann auch einen Blumenkasten auf dem Balkon bepflanzen, z. B. mit Zitronenmelisse, Kapuzinerkresse, Salbei und Oregano. Zitronenmelisse ist reich an ätherischem Öl, das eine beruhigende und nervenstärkende Wirkung hat, bei unregelmäßiger Herzfunktion hilft und bei Migräne, Schlaflosigkeit, nervösen Schlaf- und Magenbeschwerden angewendet wird. Melisse wirkt krampflösend, vor allem bei Krämpfen nervöser Ursache. Am bekanntesten ist Salbei als Heilpflanze gegen Halsschmerzen und durch seine schweißhemmende Wirkung. Er hilft auch gegen Husten, Kehlkopfentzündungen und andere Erkältungserscheinungen.

JOSEPH VON EICHENDORFF

Mondnacht

Es war, als hätt' der Himmel
Die Erde still geküsst,
Dass sie im Blütenschimmer
Von ihm nun träumen müsst'.

Die Luft ging durch die Felder,
Die Ähren wogten sacht,
Es rauschten leis die Wälder,
So sternklar war die Nacht.

Und meine Seele spannte
Weit ihre Flügel aus,
Flog durch die stillen Lande,
Als flöge sie nach Haus.

KALENDERBLATT

Gilbert Keith Chesterton – 150. Geburtstag

Pater Brown ist die wohl bekannteste literarische Figur, die der englische Schriftsteller G. K. Chesterton schuf. Chesterton kam am 29. Mai 1874 – vor 150 Jahren – in London zur Welt. Er arbeitete als Kunst- und Literaturkritiker. Ab 1910 erschienen insgesamt 49 Kurzgeschichten um den Geistlichen und Hobbydetektiv Pater Brown, der mit psychologischem Einfühlungsvermögen auch die schwierigsten Kriminalfälle löst. Bekannt wurden Pater Brown in Deutschland durch die Filme, in denen Heinz Rühmann den Priester verkörperte. Chesterton konvertierte 1922 zur römisch-katholischen Kirche. In der englischsprachigen Welt gehört Chesterton zu den bedeutendsten Apologeten der katholischen Kirche. Nach seinem Tod 1936 verlieh im Papst Pius XI. den Titel „Defensor fidei – Verteidiger des Glaubens“.

Gründung des ersten Gesellenvereins – vor 175 Jahren

Vor 175 Jahren, am 6. Mai 1849, gründete der Domvikar Adolph Kolping den Kölner Gesellenverein. Daraus entwickelte sich der Sozialverband Kolpingwerk, der sich für Familien, Kinder und Jugendliche und das Handwerk engagiert.

Adolph Kolping kam 1813 in Kerpen zur Welt. Als Schuhmachergeselle lernte er auf der Wanderschaft die oft menschenunwürdigen Bedingungen kennen, in denen die Handwerksgesellen lebten und arbeiteten. Als Spätberufener besuchte der 24-Jährige Kolping das Gymnasium und studierte anschließend Theologie. Dabei lernte er Wilhelm Emmanuel von Ketteler, den späteren Mainzer Bischof, kennen und tauschte sich mit ihm über soziale Fragen aus. Nach seiner Priesterweihe kam Adolph Kolping als Kaplan nach Wuppertal. Hier arbeitete er in einem Gesellenverein mit, um der Verelendung und Verwahrlosung der Gesellen entgegenzuwirken. Auf vielen Reisen verbreitete der „Gesellenvater“ seine Ideen in Mitteleuropa und Nordamerika. Vereine und Gesellenhäuser sollten den Handwerksgesellen eine Heimat, einen Ersatz für die nicht vorhandene Familie bieten.

Trotz schlechter Gesundheit setzte sich Adolph Kolping bis zu seinem Tod 1865 unermüdlich für die Gesellen ein. 1865 existierten bereits 513 Vereine mit ca. 60.000 Mitgliedern. Kolpings Grab in der rechten Seitenkapelle der Kölner Minoritenkirche wurde zum Wallfahrtsort der Kolping-Gemeinden. Papst Johannes Paul II. besuchte 1980 das Grab und sprach den „Gesellenvater“ 1991 selig. Allein in Deutschland gibt es heute 205.000 Mitglieder, mehr als 2200 Kolpingfamilien und 230 Kolpinghäuser.

PRAKTISCHES

REZEPT

Überbackene Putenschnitzel

für 4 Personen

ZUTATEN

4 Putenschnitzel Salz, Pfeffer etwas gehackte Zwiebel Kräuter nach persönlichem Geschmack	8 weiße Spargelstangen oder anderes Gemüse 200 g Sahne 100–150 g geriebener Emmentaler

ZUBEREITUNG

Die Putenschnitzel leicht klopfen, salzen und pfeffern. In einer Auflaufform die Schnitzel nebeneinander legen. Mit gehackten Kräutern nach Belieben bestreuen. Dann alles mit Sahne übergießen und den geriebenen Emmentaler drüberstreuen. Bei 180 °C im Backofen überbacken. Als Beilage eignen sich hervorragend Kartoffeln oder Reis und Gemüse, z. B. Spargel. Auch ein frischer Salat sollte nicht fehlen.

Küchentipps

Spargelschalen nicht wegwerfen

Aus den Spargelschalen lässt sich eine wunderbare Spargelbrühe kochen, die auch Grundlage für Spargelcremesuppe sein kann.

Spargel zwei bis drei Tage aufheben

Lagern Sie frischen Spargel sauber, kalt und zugedeckt. Gekühlt und in ein feuchtes Tuch gewickelt kann frischer Spargel relativ gut für 2 bis 3 Tage aufbewahrt werden. Grünspargel lagern Sie am besten aufrecht, in Wasser stehend.

Spargel problemlos wieder aufwärmbar

Da Spargel zu den nitratarmen Gemüsesorten gehört, kann Spargel nach dem Kochen problemlos wieder aufgewärmt werden.

PETER BIQUÉ

Die klassische Variante

„Saskia will ein Instrument lernen."
„Was du nicht sagst, Bernemann."
Saskia war unser Nachbarmädchen, mit ihren sieben Jahren so alt wie der kleine Kumpel Bernemann.
Ich fand es schön und gut und richtig, wenn Kinder früh eine musikalische Ausbildung antraten, und ich hatte auch schon daran gedacht, Bernemann peu à peu mit dieser Idee vertraut zu machen.
„Saskia meint aber, dass sie noch nicht weiß, wie sie sich entscheiden soll: Klavier oder Geige."
Es waren ja wohl eher Saskias Eltern, die ihre Tochter an ein Instrument der klassischen Musik heranführen wollten, aber so ist das nun einmal. Sie versuchen, den Weg aufzuzeigen, den Saskia schließkich wählt.
„Dann könnte sie vielleicht", sagte ich, „ein paar Probestunden auf beiden Instrumenten nehmen. Dann sieht sie besser, was ihr liegt."
„Ja", sagte der Junge, „genauso will sie es machen. Sie ist noch total unentschlossen."
Ich dachte an meine eigenen frühen Jahre. Ich hatte es mit der Gitarre probiert und auch eine Weile Unterricht genommen. Aber später dann, als ich sechzehn war, hatte ich mit drei Kumpels eine Band gegründet und die Bassgitarre und den Background-Gesang übernommen. Wir nannten uns „Mighty Noise" und probten fleißig, und durch Wolli, der gewisse Beziehungen hatte, bekamen wir etliche Auftritte bei Betriebsfesten, Schulpartys und Stadtteil-Veranstaltungen, und ich erinnere mich gern daran, wie wir unseren Rock 'n' Roll unter die Leute brachten.
Ich hatte einen tropfenförmigen weißen Mark-IV-Bass, und wir spielten „A Whiter Shade of Pale", „Needles and Pins", „Hang on Sloopy", „To Love Somebody", „Sergeant Pepper", „Viva Las Vegas" und vieles mehr dieser Art, und ich ließ die Bassläufe hüpfen und brummen und swingen, ich ließ sie wummern und wandern und fliegen und flattern und flitzen, ich ließ sie schweben und wirbeln und sprinten und galoppieren – mit Freude, Lust und Leidenschaft, mit Hingabe und Humor. Manchmal ließ ich die Läufe auch ein wenig trotten oder gar humpeln. Es war toll, es war die Wucht in Tüten, aber nach ein paar Jahren ging dann irgendwie die Luft raus. Unsere Karriere kam nicht so recht in Schwung. Wir lösten unseren populärmusikalischen Haufen auf und wandten uns anderen Interessen zu.
Wenn ich klassische Gitarre gelernt hätte, dachte ich, wäre ich wohl länger bei der Sache geblieben.
„Du, Bernemann?"
„Ja, Peter?"
„Sag mal, hättest du vielleicht auch Lust auf ein Instrument?"
Er druckste herum. „Ich ... ich weiß nicht ..."
„Soll ich dir vielleicht mal ein paar Musikstücke von CDs vorspielen? Violine von Yehudi Menuhin und Hilary Hahn?

Klavier von Olga Scheps und Lang Lang? Wunderbare Musik."
„Mal sehen", sagte der Knirps vage.
„Ist ja nur ein Angebot. Du kannst in aller Ruhe darüber nachdenken."
Wir saßen noch eine Weile nebeneinander auf dem Sofa. Plötzlich sagte Bernemann: „Was hälst du von Schlagzeug?"
Nun ja, ich muss gestehen, das war nicht gerade die klassische Idee, die mir vorschwebte.
„Mal sehen", sagte deshalb diesmal ich vage, „mal sehen, Kumpel. Du kannst in aller Ruhe darüber nachdenken. Denk nur in aller Ruhe darüber nach."

PETER BIQUÉ

Über den Wolken

Wir saßen in unserem Garten, der kleine Kumpel Bernemann und ich, und schauten in den Himmel. Über uns kamen immer wieder die Flugzeuge vorbei, die nach Frankfurt reisten oder dort gestartet waren.
„Hast du schon mal in einem Flieger dringesessen?" fragte mich der kleine Kumpel.
„Ja, Bernemann. Nicht so oft, aber immerhin einige Male. Nach Hamburg, nach Sizilien, nach Mallorca, nach Tunis. Und immer wieder zurück."
„Wie issen das?"
Das war die Gewissensfrage. Wie sage ich's dem Jungen? Wie erkläre ich ihm, dass ich von einer geradezu panischen Flugangst besessen bin, dass ich in der Luft von allen möglichen Befürchtungen gebeutelt werde. Wie erkläre ich ihm, dass ich das Fliegen für eine Fortbewegungsart halte, die dem Menschen nicht angemessen ist? Wir sind ja schließlich keine Vögel. Ob der siebenjährige Junge Verständnis für mich hat? Er schwärmt von Reisen in die tiefsten Weiten des Universums und möchte später einmal Weltraumpilot werden. Wie kann ich ihm da gestehen, dass ich mit einer unheilbaren Flugangst geschlagen bin?
Ich erinnere mich an meinen Flug von Frankfurt nach Palma de Mallorca. Schon der Schub beim Start, der mich in meinen Sitz presste, erweckte in mir ein unerfreuliches Gefühl, und ich kann berichten, dass ich mit dem Flieger nicht eine Sekunde angstfrei reise. Es ist eine schreckliche Qual.
Rechts neben mir saß eine junge Frau Mitte zwanzig, die jetzt unterwegs war, um ihren Ehemann zu treffen, der schon zu ihrer gemeinsamen Finca vorausgereist war, und sie trällerte mir fröhlich ins Ohr, wie sehr sie sich freue und wie wunderbar es sein werde, wenn sie wieder im Meer schwömmen und abends das nette kleine Restaurant, wo sie Meeresfrüchte und Paella verzehren würden und roten Wein tränken und, ach ja, sie sei so glücklich, dass sie gleich wieder auf Mallorca sein werde, dort wolle sie das Leben in vollen Zügen genießen,

weg vom Alltag und endlich wieder auf der geliebten Sonneninsel. Sie war eine echte Frohnatur, aber leider wirkte ihre Fröhlichkeit überhaupt nicht ansteckend.
Ich dachte die ganze Zeit nur: Wer weiß, ob wir jemals auf Mallorca ankommen.
Die Leserin und der Leser werden es schon ahnen: Wir hatten eine reibungslose Landung in Palma, sonst könnte ich diese Zeilen ja nicht schreiben.
Glück gehabt, kann ich da nur sagen. Ein großes Glücksgefühl umfing mich, als mir klar wurde, dass wir sicher gelandet waren.
„Viel Vergnügen auf Ihrer Finca", sagte ich zu meiner Nachbarin. Sie singsangelte ein Stückchen aus einem Schlagerlied und hüpfte davon. Ich nahm mir ein Taxi, das mich zu meinem gebuchten Reiseschiff brachte.
Und jetzt saß ich mit Bernemann im Garten, und ein Flieger zerstäubte über uns ein paar Wolken. Ich wollte meine Schwäche nicht verraten und dem Knirps nicht die Lust am Fliegen verderben.
„Es sieht großartig aus", sagte ich, „wenn du im Flugzeug sitzt und durchs Fenster nach draußen blickst und die Wolken sind tief unter dir, und es hat den Anschein, als könntest du auf diesen Wolken herumlaufen. Wirklich ein sensationeller Ausblick."
„Echt voll cool", krähte Bernemann. Und das war Ausdruck seiner höchsten Anerkennung.

DESMOND TUTU

Ohne uns

Ohne uns hat Gott keine Augen;
ohne uns hat Gott keine Ohren;
ohne uns hat Gott keine Arme
und keine Hände
Gott braucht uns.

REISETIPP

MÄNNERWALLFAHRT ZUR MUTTERGOTTES

Seit 1957 pilgern Männer aus dem Eichsfeld und dem gesamten Bistum Erfurt jedes Jahr am Festtag Christi Himmelfahrt zur Muttergottes Klüschen Hagis. Mit klaren Worten versucht der Bischof, der traditionell den Gottesdienst hält, die Männer zu stärken und ihnen zu helfen, christliche Antworten auf die Fragen des Alltags zu finden. Gerade in der DDR-Zeit zählte die Männerwallfahrt zu den eindrucksvollsten Glaubensbekundungen, wenn selbst bei schlechtem Wetter zwischen 10.000 und 20.000 Wallfahrer nach Klüschen Hagis pilgerten.
Zwischen 1768 und 1771 erhielt die Wallfahrtskirche ihre heutige barocke Gestalt. Die Ursprünge des Gotteshauses gehen aber bis in die Zeit zwischen 1100 und 1300 zurück. Eine Statue der Immaculata befindet sich an der Westseite der Kapelle.
Internet: https://pfarrei-kuellstedt.de/klueschen.html

Juni

Sa	1		Justin der Märtyrer, Simeon, Lucia, Luitgard v. Bassum, Kuno I.
So	2	9. So. im Jahreskreis	Marcellinus u. Petrus v. Rom, Eugen I., Armin, Blandina v. Lyon
Mo	3		Kevin von Wicklow, Karl Lwanga, Hildburg von Pontoise
Di	4		Werner von Ellerbach, Klothilde von Franken, Christa
Mi	5		Bonifatius/Winfried, Ferdinand v. Portugal, Gilbert v. Neuffontaines
Do	6		Norbert von Xanten, Claudius von Condat, Falco von Cava
Fr	7	Heiligstes Herz Jesu	Robert von Newminster, Deochar (Dietger)
Sa	8		Engelbert von Schäftlarn, Ilga (Helga) von Schwarzenberg, Melania
So	9	10. So. im Jahreskreis	Gratia, Ephräm der Syrer, Anna Maria Taigi, Vinzenz von Agen
Mo	10		Heinrich von Bozen, Olivia von Palermo, Diana von Andalò
Di	11		Apostel Barnabas, Aleydis von Schaerbeek (Adelheid, Alice), Paula
Mi	12		Leo III., Hildegard Burjan, Kaspar (Gaspare) Bertoni
Do	13		Antonius von Padua, Gerhard von Clairvaux, Bernhard von Aosta
Fr	14		Burchard v. Meißen, Gottschalk der Wende, Elischa, Meinrad Eugster
Sa	15		Vitus (Veit), Klara Fietz, Lothar von Séez, Gebhard von Salzburg
So	16	11. So. im Jahreskreis	Benno von Meißen, Luitgard von Tongern, Maria Theresia Scherer
Mo	17		Adam H. Albert Chmielowski, Fulko v. Reims (Falko), Rainer v. Pisa
Di	18		Gregor Barbarigo, Marcus der Diakon, Marcellianus (Marcel)
Mi	19		Elisabeth von Schönau, Maria Rosa Flesch, Juliana Falconieri
Do	20	Sommeranfang	Adalbert von Magdeburg, Margarete Ebner, Florentina
Fr	21		Aloisius Gonzaga, Alban von Mainz, Radulf von Bourges (Ralf)
Sa	22		John Fisher, Thomas Morus, Paulinus v. Nola, Eberhard v. Salzburg
So	23	12. So. im Jahreskreis	Peter Friedhofen, Josef Cafasso, Edeltraut von Ely
Mo	24	Johannistag	Dietger von Thüringen, Theodulf von Lobbes (Ulf)
Di	25		Wilhelm von Vercelli, Eleonore von England, Dorothea von Montau
Mi	26		Johannes u. Paulus von Rom, Josemaría Escrivá, Vigilius von Trient
Do	27		Cyrill v. Alexandrien, Hemma v. Gurk (Emma), Daniel v. Schönau
Fr	28		Irenäus von Lyon, Ekkehard von Huysburg, Paul I., Marcella von Rom
Sa	29	Apostel Petrus u. Paulus	Judith von Niederaltaich, Gero von Köln, Beata
So	30	13. So. im Jahreskreis	Otto v. Bamberg, Erentrud v. Salzburg (Erna), Bertram v. Le Mans

Lebendiger werden

ANDREA SCHWARZ

Pilgern – mit dem Weg wächst die Kraft

Auf der eher langweiligen Straßenstrecke ging heute erstmals ein Psalmwort mit mir. Bisher blieb wenig Raum dafür, weil das Gehen selbst so viel Aufmerksamkeit erfordert hat, sei es, weil die Wege so schlammig waren, weil ich auf meinen Körper konzentriert war oder weil es landschaftlich so wunderschön war. Auf dieser Strecke, auf der es sich einfach ging, hat mich der Psalm 84 begleitet, den ich so sehr mag.

Selig die Menschen, die Kraft finden in dir, die Pilgerwege im Herzen haben. Ziehen sie durch das Tal der Dürre, machen sie es zum Quellgrund und Frühregen hüllt es in Segen. Sie schreiten dahin mit wachsender Kraft und erscheinen vor Gott auf dem Zion (Ps 84,6–8).

Ich habe heute viel über diese wachsende Kraft nachgedacht. Bisher habe ich damit in erster Linie eine wachsende, körperliche Kraft verbunden – und das erlebe ich in diesen Tagen: Ich gerate nicht mehr gleich bei jedem Berg außer Puste, die Armmuskeln werden ein bisschen kräftiger, ich krieg den Rucksack anders hoch als noch in St. Jean – und das liegt nicht nur daran, dass er zwischenzeitlich eine ganze Menge leichter geworden ist.

Spannender aber finde ich den Gedanken an eine wachsende innere Kraft. Und da gibt es noch mal zwei Akzente. Da gibt es eine Kraft, die kommt aus den gegangenen Schritten heraus, ein Freund hat es mal die „Kraft der Erinnerung" genannt. Wenn ich die Pyrenäen geschafft habe, dann werde ich wohl auch diesen Berg schaffen. Das ist sozusagen eine Art „faktische Vergewisserung". Ich weiß

PILGERN

Pilgern ist seit Jahren ein Trendthema. So erreichten im Jahr 2019 fast 250.000 Pilger das Grab des Apostels Jakobus im spanischen Santiago de Compostela. Nicht mitgezählt sind die vielen Pilger, die ein Stück des Jakobsweges in ihrem Heimatland gehen oder jedes Jahr ein Stück des allein in Spanien mehr als 800 km langen Weges. Mittlerweile gibt es eine Vielzahl weiterer Pilgerwege. So kann man im Saarland an einem Tag die 15 km des Wendelinus-Pilgerweges gehen oder aber den 525 km langen Mönchsweg in Norddeutschland in Angriff nehmen. Nicht nur die Entfernungen, auch die Schwierigkeitsgrade der Wege unterscheiden sich. Für jeden Pilger lässt sich der passende Weg finden.

um Möglichkeiten und Grenzen meiner selbst – und das macht mich mir meiner selbst bewusst – selbstbewusst ...

Jeder Schritt in eine Richtung ist eine Entscheidung gegen drei andere mögliche Schritte. Wenn ich konsequent nach Westen gehe, und eben nicht nach Norden, Süden oder Osten, mich also für etwas und damit zugleich gegen etwas entscheide, dann erzeugt das Identität. Ich entscheide mich – und ziehe damit Grenzen. Das gibt Profil. Je mehr solcher Entscheidungen ich treffe und je grundsätzlicher diese Entscheidungen angelegt sind, umso deutlicher werde ich, umso deutlicher wird der Weg, einfach weil manche Alternativen überhaupt nicht mehr in Betracht kommen. Damit aber konzentriert sich die Kraft. Im konsequenten Dahinziehen, auch durch trostlose Strecken hindurch, wird Kraft erzeugt. Jede Nichtentscheidung für den nächsten Schritt bindet Energie, jede getroffene Entscheidung setzt Kraft frei ...

Mich begleitet seit etwa dreißig Jahren die Empfehlung einer alten, weise gewordenen Ordensfrau. Sie sagte mir einmal: „Wenn du nicht weißt, wie du dich entscheiden sollst, dann wähle das, was dich lebendiger macht!" – lebendiger! Nicht einfacher, glücklicher, leichter, preiswerter, sondern das Leben bewusst wahrnehmen mit all seinen Höhen und Tiefen. Nicht in den Alltagsroutinen erstarren, sondern achtsam für das Leben werden! Sich selbst spüren, den Menschen neben mir, vielleicht ... Gott.

PATRICIA FRITSCH

Gott will das ganze Herz oder nichts – Herz-Jesu-Fest

Das Herz-Jesu-Fest würden wir heute ohne einige außergewöhnliche Frauen nicht feiern. Zuerst setzten sich die Zisterziensernonnen Mechthild von Magdeburg (1207–1282) und Gertrud von Helfta (1256–1302) für die Herz-Jesu-Verehrung ein. Gegen große Widerstände kämpfte die Ordensschwester Margareta Maria Alacoque (1647–1690) für ein Herz-Jesu-Fest, nachdem sie Visionen von Christus hatte, der auf sein Herz deutete. Und noch eine weitere Ordensfrau und Mystikerin mit Namen Maria trat dafür ein: Maria Droste zu Vischering (1863–1899). Als Jugendliche traf sie die Bibelstelle „Du sollst Gott lieben mit ganzem Herzen" zutiefst.

„Mir kam sofort der Gedanke in den Sinn, Schwester zu werden. Ich konnte der Gnade und der Stimme Gottes nicht widerstehen. Dieser Tag war entscheidend für mich, denn der Herr begann, mich an sich zu ziehen, indem er mir das Herz raubte." Es dauerte noch einige Jahre, bis ihr Wunsch Wirklichkeit wurde und sie als Maria vom Göttlichen Herzen in den Orden der Schwestern vom Guten Hirten eintrat. Sie kümmerte sich zuerst als einfache Schwester und nach kurzer Zeit als Oberin um in Not geratene Mädchen und junge Frauen. Sie hatte Visionen vom strahlenden Herzen Jesu, dessen Licht und Glanz die Erde erleuchtet und wärmt. Obwohl sie selbst an Knochentuberkulose erkrankte und das Bett nicht mehr verlassen konnte, bat sie in eindringlichen Briefen Papst Leo XIII. um die Weihe der ganzen Welt an das Heiligste Herz Jesu. Im gleichen Jahr, in dem der Papst in einer Enzyklika diese Weltweihe verkündete, verstarb sie im Alter von nur 35 Jahren.

FRIDOLIN HOFER

Juni

Juni streift mit warmer Hand
letzte Blüten von den Bäumen.
Wie enttaucht verwelkten Träumen,
schaut aus dunkler Blätterwand
junge Frucht in lichtes Land.

Tipp von Sr. Hedwig

ERDBEEREN

Sie haben einen hohen Gehalt an Eisen, Kalzium, Kalium, Phosphor, Provitamin A, alle B-Vitamine und obendrein noch viel Vitamin C. Und, was auch noch mehr zählt, nach dem Verzehr bildet sich der Glücksbotenstoff Serotonin. Was will man also mehr?
Und es ist so einfach, sich schnell so viel Gutes zu tun. Sie brauchen nur eine Schüssel voll Erdbeeren. Jetzt hat auch die heimische Ernte begonnen, und da heißt es zugreifen: Denn Erdbeeren lassen sich weder gut einfrieren noch aufbewahren. Sie werden schnell matschig. Daher frisch genießen und zulangen, solange es welche quasi vor der Haustür gibt, lautet die Devise.
Der Saft der Erdbeere soll dazu beitragen, das Blut zu reinigen. Und als Marmelade eingekocht, verlängern Erdbeeren den Sommer, allerdings wohlschmeckend im Glas!

KALENDERBLATT

Vor 30 Jahren – Errichtung der Bistümer Erfurt, Görlitz und Magdeburg

Am 27. Juni 1994 erhob Papst Johannes Paul II. die Jurisdiktionsbezirke Erfurt, Görlitz und Magdeburg in den neuen Bundesländern zu Bistümern. Erfurt und Magdeburg kommen zur Kirchenprovinz Paderborn, Görlitz und das bisher direkt Rom unterstellte Bistum Dresden-Meißen werden Bestandteil der neuen Kirchenprovinz Berlin. Gleichzeitig wird das Bistum Berlin zum Erzbistum erhoben. Die ersten Bischöfe sind Joachim Wanke (Erfurt), Rudolf Müller (Görlitz) und Leo Nowak (Magdeburg). Damit werden die nach Ende des Zweiten Weltkrieges entstandenen Provisorien nun kirchenrechtlich neu geordnet. Im Oktober 1994 folgt noch die Errichtung des Erzbistums Hamburg und der Kirchenprovinz Hamburg mit den Suffraganbistümern Hildesheim und Osnabrück. Die nun entstandene Gliederung der deutschen katholischen Bistümer hat bis heute Bestand.

Maria Droste zu Vischering – 125. Todestag

Die selige Maria von Droste zu Vischering wurde am 8. September 1863 in Münster/Westfalen geboren und trat in das Kloster zum Guten Hirten in Münster ein, in welchem sie 1891 die ewigen Gelübde ablegte. Ihr Ordensname war Schwester Maria vom Göttlichen Herzen.
Das Anliegen ihres Lebens war die Förderung der Herz-Jesu-Verehrung. Sie arbeitete eine Zeit als Jugenderzieherin und wurde dann von ihrem Orden nach Lissabon versetzt. Schließlich wurde sie 1894 die Oberin des Klosters in Porto im Norden Portugals. Bald wurde sie durch eine mit Lähmungen verbundene Krankheit ständig bettlägerig, doch auch so gelang es ihr, das Kloster zu einem Mittelpunkt geistlichen Lebens werden zu lassen. Sie erlebte mystische Begnadungen und veranlasste Papst Leo XIII., die ganze Menschheit dem heiligen Herzen Jesu zu weihen.
Die Ankündigung dieser Weihe erlebte sie noch, die Weihe selbst nicht mehr. Maria vom Göttlichen Herzen starb vor 125 Jahren am 8. Juni 1899 in Porto.

Man muss das Göttliche nicht immer mit natürlichen Mitteln berechnen, sonst kommt man zu nichts im Weinberg Gottes.

Maria Droste zu Vischering

REZEPT

Kartoffelsuppe mit Borretsch

für 4 Personen

ZUTATEN

- 1 kg mehlig kochende Kartoffeln
- 1 Knoblauchzehe
- 1 l Brühe
- 2 Bund Borretsch mit Blüten
- 50 ml Kochsahne
- Salz, Pfeffer und Butter zum Verfeinern

ZUBEREITUNG

Kartoffeln schälen, waschen und in kleine Würfel schneiden. Knoblauch fein hacken. Alle Zutaten in einen Topf geben, mit der Brühe aufgießen, sodass das Gemüse bedeckt ist. Ca. 30 min kochen lassen. Blüten und Blätter des Borretsch von den Stielen zupfen, Blüten beiseitelegen. Blätter waschen, trocken tupfen und fein hacken. Suppe pürieren, Kochsahne und Borretsch hinzugeben, mit Salz, Pfeffer und Butter abschmecken und noch ca. 5 min köcheln lassen. Suppe mit den Borretsch-Blüten anrichten und mit frischem Brot servieren.

Küchentipps

Borretsch ist lecker
Der lange Zeit in Vergessenheit geratene Borretsch erlebte in den letzten Jahren ein Comeback. Mit den dekorativen blauen Blüten und den aromatischen Blättern können Sie z. B. Sommersalate, Suppen, Pizza oder Pasta dekorativ und geschmacklich aufwerten.

Borretsch ist gesund
Borretsch ist aber auch gesund. Das Kraut enthält sowohl Vitamin C als auch verschiedene Spurenelemente. Die ätherischen Öle in den Blättern sorgen für Aroma und Bekömmlichkeit und fördern so den Fettstoffwechsel. Borretsch reinigt aber auch den Blutkreislauf.

JOHANNES SCHMIDT

Halbzeit im Jahreskreis

Die Pflanzen rund um den Johannistag

Am 24. Dezember feiern wir Heiligabend. Im Sommer, also auf der „jahreszeitlichen Gegenseite“, feiern wir am 24. Juni den Johannistag. Johannes der Täufer gilt als der Vorläufer Jesu. Er selbst sagt dazu: „Er [Jesus] muss wachsen, ich aber muss abnehmen.“ Dieser Ausspruch wird auf den 24. Juni übertragen, weil im Jahreskreis nun die Tage wieder kürzer werden. Am Johannistag wurden im Mittelalter neue Dienstverträge mit Knechten und Mägden abgeschlossen. Und natürlich hatte der Tag auch Einfluss auf die Benennung von Pflanzen.

Die älteste Johannispflanze ist wohl das Johanniskraut, das in dieser Zeit blüht. Eine Legende erzählt: Aus dem Blut von Johannes dem Täufer sei diese Pflanze gewachsen. Und tatsächlich, wenn Sie die Blüten des Johanniskrautes zwischen Ihren Fingern zerreiben, quillt ein blutroter öliger Saft hervor.

Schon im ältesten erhaltenen Buch der Klostermedizin, dem „Lorscher Arzneibuch“ aus der Zeit um 795, wird das Johanniskraut gegen die „Melancholie“, also Schwermut, empfohlen. Neben dieser besonderen Rolle war es eine der wichtigeren Pflanzen in der Wundbehandlung, gegen Gicht und rheumatische Schmerzen.

Die bekannteste Johannispflanze ist jedoch die Johannisbeere. Frühe Sorten beginnen um den 24. Juni zu reifen. In der Antike war diese Pflanze noch unbekannt. Erst gegen Ende des Mittelalters wurde sie als Beerenobst in den Gärten kultiviert.

Vor 200 Jahren brachte ein Potsdamer Gärtner aus Brasilien eine Pflanze mit, die mit Farbe und Zeit der Blüte genau zum Johannistag passte. Johannisfeuer nannte

GÄRTEN

Es ist ganz gleich, ob ein Garten klein oder groß ist. Was die Möglichkeiten seiner Schönheit betrifft, so ist seine Ausdehnung so gleichgültig, wie es gleichgültig ist, ob ein Bild groß oder klein, ob ein Gedicht zehn oder hundert Zeilen lang ist. Die Möglichkeiten der Schönheit, die sich in einem Raum von fünfzehn Schritten im Geviert, umgeben von vier Mauern, entfalten können, sind einfach unmessbar.
Ein einziger alter Ahorn adelt einen ganzen Garten, eine einzige majestätische Buche, eine einzige riesige Kastanie, die die halbe Nacht in ihrer Krone trägt.

Hugo von Hofmannsthal

man sie. Der Feuersalbei, wie man das Johannisfeuer auch nennt, ist eine wirkungsvolle Randbepflanzung.
Im Mittelalter richtete man sich nach den christlichen Gedenk- und Feiertagen. Diesen Tagen ordnete man Pflanzen zu. So entstand ein Kalender mitten in der Natur. Tage, die für die bäuerliche Gesellschaft besonders wichtig waren, wurden auch durch mehrere Pflanzennamen gekennzeichnet, wie wir es beim Johannistag sehen. Sicher kennen Sie noch ähnliche Verbindungen von Pflanzen und Tagen, denken Sie nur einmal an die „Oster-Glocke“ oder „Pfingst-Rose“.

HEIKE WENDLER

Ein überraschendes Wiedersehen

Mein Mann war lange Jahre Pfarrer und nach seiner Pensionierung durften wir in dem alten Pfarrhaus wohnen bleiben. Doch nun wurde es mir auch langsam zu groß, den siebzigsten Geburtstag hatten mein Mann und ich schon hinter uns, da wurde jeder Quadratmeter zu viel eine Last, vor allem, wenn es ums Putzen ging. Doch mich wirklich von dem Haus trennen konnte ich auch nicht, jede Ecke bedeutete schließlich eine Erinnerung! Vier Kinder hatte ich in dem Haus großgezogen, und es war nicht immer einfach gewesen. Andererseits, es war nur ein Haus, wie unser Großer gern betonte.

„Weißt du, Mama, die Schreiberstraße ist saniert worden. Da hast du doch als Kind mit deinen Eltern gewohnt!“

Damit konnte mein Sohn zumindest mich dazu bringen, dass wir uns tatsächlich einmal eine andere Wohnung ansahen. Er hatte praktischerweise gleich einen Besichtigungstermin vereinbart. Natürlich gefiel uns die Wohnung, sie war wunderbar! Drei Zimmer, nicht zu groß, nicht zu klein, mit allem modernen Komfort. Mein Joseph zögerte nicht lange und sagte spontan zu.

„Komm schon, Klara, so eine Chance bekommen wir so schnell nicht wieder. Zumal der Mietpreis auch noch recht günstig ist!“

Ich widersprach meinem Mann nicht, er hatte ja recht. Und auch wenn der Abschied schmerzte, auch in der neuen Wohnung fand ich schnell etwas, das ich mit alten Erinnerungen verknüpfen konnte: die alte Eiche im Hof.

„Da haben meine Freundin Maria und ich im Sommer immer auf einer Decke gesessen und Picknick veranstaltet. So viel gab es ja damals nicht, es war ja kurz nach dem Krieg, aber wir haben es uns schön gemacht, die Zeit genossen!“, schwärmte ich meinem Joseph und natürlich den Kindern vor. Ich liebte es, am Fenster zu sitzen und auf den alten Baum zu schauen. Es war so bemerkenswert, dass er mir kaum gealtert erschien, während das Leben bei mir nicht nur im Gesicht deutliche Spuren hinterlassen hatte.

... die alte Eiche im Hof. „Da haben meine Freundin Maria und ich im Sommer immer auf einer Decke gesessen und Picknick veranstaltet."

„Weißt du denn, was aus Maria geworden ist?“, fragte meine jüngste Tochter irgendwann. „Schließlich standen die meisten dieser Häuser hier fast fünfzehn Jahre leer, bis sich jemand erbarmt und sie saniert hat!“

Ich schüttelte den Kopf. „Ich weiß es nicht. Sie ist irgendwann weggezogen wie so viele. Ich glaube, das war noch lange, bevor ich aus der Schule kam. Ich habe nie wieder von ihr gehört.“

Damit war das Thema für mich vom

Tisch und ich war auch gar nicht böse darum. Ich tat das, was ich eigentlich mein ganzes Leben lang getan hatte, ich schaute nach vorn. Zunächst erst einmal auf unsere bevorstehende goldene Hochzeit. Die ganze Gemeinde machte schon ein großes Geheimnis daraus und als ehemaliger Pfarrer rechnete mein Mann mit weit über hundert Gästen! Ich durfte gar nicht daran denken! Am Ende waren es fast dreihundert und die Feier fand im Gemeindesaal statt. In einem Privathaus wäre es ja auch kaum möglich gewesen. Alle hatten zusammengelegt, um uns dieses riesige Fest zu schenken, Joseph und ich waren sehr gerührt. Als dann jedoch unsere Kinder mit einem eigenen Geschenk um die Ecke kamen, an dem sich sogar die Enkel beteiligt hatten, gab es für mich kein Halten mehr.

„Eine Kreuzfahrt? Ihr seid ja verrückt!", schluchzte ich und fiel meiner jüngsten Tochter um den Hals. Auch Joseph rang sichtlich mit sich.

„Also, dass ihr das wirklich gemacht habt!", staunte er. „Eine Kreuzfahrt auf so einem ganz großen Schiff durch die Karibik, das hatte ich eurer Mutter immer versprochen. Schon damals, als wir geheiratet haben. Doch dazu ist es leider nie gekommen!"

„Ich weiß, Papa!", sagte unser Sohn und legte den Arm um Josephs Schulter. „Deshalb haben wir euch diese Reise ja auch geschenkt. Damit ihr sie endlich machen könnt, jetzt, wo es euch noch gut geht! Man soll nicht immer nur träumen, sondern das Leben anpacken! Das hast du uns doch immer gepredigt, nicht wahr?"

Joseph nickte, wie sehr er sich freute, war offensichtlich.

Einen guten Monat später traten wir die Reise an. Allein die Fahrt nach Hamburg in den Hafen war aufregend! Und erst dieses Schiff! Wir schwelgten sozusagen im Luxus und genossen jede Sekunde. Natürlich nahmen wir auch an jedem sich bietenden Landausflug teil. Wir gingen auf Aruba und auf den Bahamas von Bord, besuchten Plantagen und genossen die schönsten Sonnenuntergänge, die man sich vorstellen konnte. Zu Ende war unsere Kreuzfahrt auf Jamaika, wo unsere Kinder als krönenden Abschluss für uns noch eine Woche ein wundervolles Hotel gebucht hatten. Meinen Mann Joseph zog es noch am gleichen Abend in die kleinen Bars und Strandrestaurants. Nach dem opulenten Essen an Bord wollte er nun endlich die landestypische Küche entdecken. Ich stand der ganzen Sache noch etwas skeptisch gegenüber. Doch Joseph war viel zu unterneh-

„Ich habe vorhin gehört, dass die Inhaber hier deutsche Wurzeln haben!", erklärte er mir, während er einen Platz in einem kleinen Restaurant für uns suchte.

mungslustig, um sich von mir bremsen zu lassen.
„Ich habe vorhin gehört, dass die Inhaber hier deutsche Wurzeln haben!", erklärte er mir, während er einen Platz in einem kleinen Restaurant für uns suchte. „Die kochen wohl nach ganz alten Rezepten!"
Das stimmte, wie wir schnell feststellten, denn die Karte bestand tatsächlich aus deutschen Gerichten. Und zwar ausschließlich.
„Na ja, einen Krautwickel könnte ich ja mal probieren!", arrangierte sich mein Mann schnell. „Dann eben jamaikanisches Kraut, warum auch nicht!"
Schnell kam Joseph auch mit der Besitzerin ins Gespräch und wir staunten nicht schlecht.
„Meine Mutter ist Deutsche!", berichtete sie uns voller Stolz. „Sie ist Anfang der Siebziger hier hängen geblieben, hat einen Jamaikaner geheiratet und mich bekommen. Seitdem leben wir hier, glücklich und zufrieden!"
Nach ein paar weiteren Fragen war klar, sie stammte aus der gleichen Stadt wie wir, was schon ein Wunder war, denn Schkopau ist wirklich nicht weltberühmt.
„Das ist ja interessant – warum kommen Sie nicht zum Abendessen zu uns? Mama wird sich ganz bestimmt freuen, Besuch aus der alten Heimat zu bekommen! Sie schwärmt noch heute von ihrer schönen Kindheit und den zauberhaften Stunden mit ihrer Freundin unter dem Eichenbaum im Hof!"
Ich dachte, ich höre nicht richtig! Und ja, am Abend war die Überraschung dann komplett! Es war tatsächlich Marias Tochter, der das Restaurant gehörte! Die Freude war auf beiden Seiten riesengroß. Wir plauderten bis spät in die Nacht und tauschten Erinnerungen aus. Natürlich nahmen wir uns fest vor, den Kontakt zu halten, und bis jetzt, ein halbes Jahr nach unserer großen Reise, ist uns das sogar gelungen.

UNBEKANNT

Eine Bitte möchte ich sagen

Lass mich, Herr, in all den neuen Tagen
Zeit haben – für Dich,
Zeit haben – für mich,
Zeit haben – für all' die anderen,
die mit mir auf den Pilgerwegen wandern!

Gelesen am Jakobsweg an einer Hauswand in Hontanas (Provinz Burgos)

REISETIPP

HARZER KLOSTER-WANDERWEG

Zahlreiche alte Kirchen und Klöster, oftmals tausend Jahre alt, prägen die Kulturlandschaft am Nordrand des Harzes. Einige von ihnen verbindet der 95 Kilometer lange Harzer Klosterwanderweg. Von Goslar führt der Weg in sechs zwischen 12 und 20 Kilometer langen Etappen bis zur ehemaligen Klosterkirche St. Marien in Quedlinburg. Entlang des Weges kann man sich an 12 Stempelstellen seine Wanderroute bestätigen lassen und das kupfernen Pilgerkreuz für den Klosterwanderweg in den Tourist-Informationen erwerben.
Entfernung: 95 km
Einteilung: 6 Etappen
Profil: relativ geringe Höhenunterschiede (zwischen 126 und 326 m)
Kontakt: Harzer Tourismusverband e.V., Abteilung Harzer Klöster, Marktstraße 45, 38640 Goslar, Tel.: 05321/3404-21.
Internet: https://www.harz-info.de/erlebnisse/harzer-kloester/harzer-klosterwanderweg

Juli

Mo 1		Dietrich v. Reims, Aaron, Eckart v. Scheda, Radegund v. Wellenburg
Di 2	Mariä Heimsuchung	Wiltrud von Hohenwart, Jakob Friedrich Bussereau
Mi 3		Apostel Thomas, Joseph Lenzel, Leo II., Anatol v. Laodicea
Do 4		Ulrich v. Augsburg, Elisabeth (Isabella) v. Portugal, Berta v. Blangy
Fr 5		Antonius Maria Zaccaria, Kyrilla v. Cyrene, Wilhelm v. Hirsau, Lätitia
Sa 6		Maria Goretti (Marietta), Goar, Dominica, Maria Theresia Ledóchowska
So 7	14. So. im Jahreskreis	Willibald von Eichstätt, Edelburg von Faremoutier, Wunibald
Mo 8		Kilian von Würzburg, Edgar der Friedfertige, Eugen III., Hadrian III.
Di 9		Augustin Zhao Rong, Johannes von Köln, Veronika Giuliani
Mi 10		Knud von Dänemark, Erik von Schweden (Erich), Olaf von Norwegen
Do 11		Benedikt von Nursia, Olga (Helga), Rachel (Rahel), Oliver Plunket
Fr 12		Felix und Nabor, Johannes Gualbertus, Sigisbert von Disentis
Sa 13		Heinrich II. u. Kunigunde, Joël, Sara die Einsiedlerin, Silas (Horst)
So 14	15. So. im Jahreskreis	Ulrich von Zell, Roland von Chézery, Kamillus von Lellis
Mo 15		Bonaventura, Egino (Egon), Wladimir der Große (Waldemar)
Di 16		U. L. Frau v. Berge Karmel (Carmen), Elvira v. Oeren, Irmengard
Mi 17		Marina v. Bithynien, Jadwiga v. Polen (Hedwig), Charlotte Thouret
Do 18		Arnold v. Arnoldsweiler, Odilia v. Köln (Ottilie), Friedrich v. Utrecht
Fr 19		Bernulf von Utrecht (Bernold, Ulf), Makrina die Jüngere
Sa 20		Margareta von Antiochien, Bernhard von Hildesheim, Elija (Elias)
So 21	16. So. im Jahreskreis	Laurentius von Brindisi (Lars), Daniel, Jeremias, Victor von Marseille
Mo 22		Maria Magdalena, Verena von Schönau (Elvira), Eberhard von Berg
Di 23		Birgitta v. Schweden, Liborius v. Le Mans, Apollinaris v. Ravenna
Mi 24		Christophorus, Christina von Bolsena, Siglind von Troclar, Louise
Do 25		Apostel Jakobus der Ältere, Thomas von Kempen, Thea von Gaza
Fr 26		Joachim und Anna, Titus Brandsma, Gloriosa von Laodicea
Sa 27		Berthold v. Garsten, Natalie, Aurelius u. Felix v. Cordoba
So 28	17. So. im Jahreskreis	Benno v. Osnabrück, Samson v. Dol, Innozenz I., Beatus und Bantus
Mo 29		Marta, Maria, Lazarus, Flora u. Lucilla, Beatrix, Ladislaus
Di 30		Petrus Chrysologus, Ingeborg von Frankreich, Maria de Jesu
Mi 31		Ignatius v. Loyola, Germanus v. Auxerre, Hermann v. Niederaltaich

Auf Gott vertrauen

GÜNTHER KLEMPNAUER

Gustav Heinemann: Eure Herren gehen, unser Herr aber kommt

Mutiger Anwalt der „Bekennenden Kirche"

Gustav Heinemann war geprägt von seinem christlichen Handeln im Widerstand gegen den Nationalsozialismus. In Essen war er als Rechtsanwalt, Vorstandsmitglied der Rheinischen Stahlwerke und nach dem Krieg als Oberbürgermeister tätig. In der Zeit des Nationalsozialismus engagierte sich Heinemann gegen staatliche Übergriffe auf die Kirche und war Rechtsberater der „Bekennenden Kirche", die Hitler Widerstand leistete. Als Presbyter (Kirchenvorsteher) der Essener Paulusgemeinde kämpfte er gegen die Amtsenthebung seines Gemeindepfarrers durch die Nationalsozialisten, und als Vorsitzender des Christlichen Vereins Junger Männer in Essen (1936–1950) engagierte er sich für die Verbreitung der Christus-Botschaft.

Pfarrer Gräber konnte nicht nur predigen

Zu meiner Überraschung gestand mir der Bundespräsident, dass sein christliches Bekenntnis ihm nicht in die Wiege gelegt worden sei. Anfangs habe er dem Christentum und der Kirche skeptisch gegenübergestanden. Auf meine Frage, warum er seine Gesinnung geändert habe, nannte er seine Ehefrau Hilda, die Evangelische Theologie studiert und ihn zum Besuch des Sonntagsgottesdienstes in Essen-Altstadt überredet habe. Die Predigten von Pfarrer Friedrich Wilhelm Gräber hätten ihn umgestimmt. Ich wollte mehr wissen über Pfarrer Gräber.

GUSTAV HEINEMANN

Gustav Heinemann (1899–1976) war der dritte deutsche Bundespräsident. Der promovierte Jurist engagierte sich in der Zeit des Nationalsozialismus für die Bekennende Kirche. Nach dem Krieg war er Mitglied des Rats der Evangelischen Kirche in Deutschland und Präses der gesamtdeutschen Synode. 1945 gehörte er zu den Mitbegründern der CDU. Später wurde er SPD-Mitglied und Bundesjustizminister, dem die große Strafrechtsreform gelang. Zum Bundespräsidenten wurde der als unbequemer Demokrat über die politischen Lager hinweg geschätzte Politiker 1969 gewählt. Gustav Heinemann wurde am 23. Juli 1899 – vor 125 Jahren – geboren.

Bereitwillig erzählte er von dem persönlichen Umgang mit ihm: „Gräber konnte nicht nur predigen, dass die Fetzen flogen. Er konnte auch einer Kuh beistehen, die Blähungen hatte. Er konnte nicht nur Gottesdienst halten, sondern auch bedürftige Bauern ansiedeln und kranke Kumpels verarzten." Und was hielt er von seinen Predigten? „Gräber interpretierte das Evangelium so realistisch, dass es seinen Zuhörer nicht schwer wurde, ihre eigene Situation darin zu erkennen. Mich ergriff diese Nüchternheit, mit der der Mensch gesehen wird in der Bibel, diese totale Nüchternheit. Er ist für mich deshalb der Wegbereiter zum Verständnis des Evangeliums gewesen, weil er alles und jedes mit der Inanspruchnahme seiner Hörer für die eigene Aktivität zu verbinden wusste."

„Jesus ist für mich Weg, Wahrheit und Leben"

Dann kam er auf den Kern seines Glaubens zu sprechen: „Jesus Christus ist für mich der Weg, die Wahrheit und das Leben. Ohne die tiefe Verwurzelung im christlichen Glauben ist dieses Christus-Bekenntnis nicht zu begreifen. In der Christus-Nachfolge liegt eine revolutionäre Kraft und eine enorme Freiheit, die es ermöglicht, Gott mehr zu gehorchen als dem Menschen."

Gottes Weltregiment bleibt

„Auf dem Essener Kirchentag 1950 schloss ich meine Ansprache mit dem Satz: ‚Eure Herren gehen, unser Herr aber kommt!' Gottes Weltregiment bleibt, auch wenn Mitspieler ausscheren. Welt und Menschheit bleiben in Gottes Hand. Damit ist uns eine große Hilfe der Orientierung gegeben. Ich wollte die Hörer aus Bindungen der Furchtsamkeit in eine Freiheit des persönlichen gewissenhaften Handelns rufen. Und diese Freiheit wurde durch Jesu Kreuzestod teuer erkauft. Niemand kann uns in neue Fesseln schlagen; denn Christus ist auferstanden."

MARTINA LIEBHÄUSER-HAGGENMÜLLER

Grün

Die liturgische Farbe Grün steht für die einfachen Sonntage und Tage im Kirchenjahr. In dieser Zeit befinden wir uns gerade. Es ist Sommer und erst mal kein Hochfest in Sicht. Was wir jetzt brauchen, sind Frische und Lebendigkeit.
So einfach und frisch, wie diese Farbe Grün ist, so faszinierend und heilend ist das Grün für Körper, Geist und Seele. Nicht selten will man als gestresster Mensch einfach raus ins „Grüne"! Hildegard von Bingen sagt man einen besonderen Bezug zur Natur nach. Sie bezeichnet die Farbe Grün als den Finger Gottes, der die Schöpfung belebt. Grün ist für mich zwar auch ein Symbol des Frühlings, ein Zeichen des Erwachens der Natur. Grün ist aber auch eine Sommerfarbe, denn im Sommer erscheint das Grün noch strahlender und heller und wichtiger. Ohne Grün wäre die Landschaft ausgetrocknet und dürr. Es ist die Waldfarbe, das Wiesengrün, die Farbe für Kraft und Energie. Grün hat nichts Forderndes, Aggressives, nein, Grün hat etwas Stärkendes und dennoch Beruhigendes.
In der Bibel wird beschrieben, dass Leben bedroht ist, wenn das Grün fehlt. Wir Menschen haben die Aufgabe, die Natur zu bewahren. Wir selbst sind wie ein Baum, der am Wasser gepflanzt ist und am Bach seine Wurzeln ausstreckt (Jer 17,8). Er hat auch bei Hitze nichts zu befürchten. Seine Blätter bleiben grün. So sind wir Menschen gesegnet und dürfen Hoffnung haben.

Es gibt eine Kraft aus der Ewigkeit. Und diese Kraft ist grün.

Hildegard von Bingen

Tipp von Sr. Hedwig

PFEFFERMINZE

Pfefferminze hat eine ziemlich starke Heilwirkung und ist von daher gar nicht allzu sehr als Haustee geeignet. Wer sie aber gut verträgt, braucht nicht auf seinen regelmäßigen Pfefferminztee zu verzichten. Pfefferminze wächst recht unkompliziert in Hausgärten und kommt Jahr für Jahr wieder, wenn sie erst einmal heimisch geworden ist.
Die Pfefferminze wird bevorzugt als Tee eingesetzt. So hilft sie innerlich bei Magen- und Darmbeschwerden und auch Kopfschmerzen. Für die äußerliche Anwendung kann man den Teeaufguss für Bäder, Waschungen und Kompressen verwenden. Gegen Kopfschmerzen kann man Stirnumschläge mit Pfefferminztee machen. Als ätherisches Öl kann man die Pfefferminze bei Erkältungen inhalieren oder einreiben. Das ätherische Öl ruft zunächst ein Kältegefühl, anschließend aber ein Wärmegefühl hervor. Es lindert Schmerzen und löst Krämpfe.

JÖRN HELLER

Glück

Glück ist: im Moment verweilen,
so, als wenn's nur diesen gäb.
Glück ist: froh durch Wiesen eilen,
so, als wenn's nur Wiesen gäb.

Glück ist: lesen zwischen Zeilen,
Klee, der unter Steinen ist.
Glück ist lieben, Glück ist teilen,
was zu viel für *einen* ist.

KALENDERBLATT

Antoine de Saint-Exupéry

Bereits zu seinen Lebzeiten war der französische Pilot Antoine de Saint-Exupéry (1900–1944) auch ein erfolgreicher Schriftsteller. Seit 1923 arbeitete er als Pilot und zur selben Zeit begann er zu schreiben. Sein letztes Werk „Der kleine Prinz" wurde zum Weltbestseller. Die märchenhafte Erzählung handelt von einem in der Wüste notgelandeten Piloten, der hier auf einen kleinen Jungen trifft, den es von einem Asteroiden auf die Erde verschlagen hat. Von einem Aufklärungsflug über dem Mittelmeer kehrte Antoine de Saint-Exupéry vor 80 Jahren, am 31. Juli 1944, nicht mehr zurück.

„Man sieht nur mit dem Herzen gut. Das Wesentliche ist für die Augen unsichtbar."

Antoine de Saint-Exupéry

Kaiser Heinrich II.

Der Bayernherzog Heinrich erblickte im Jahr 973 in Hildesheim das Licht der Welt. Zunächst für den geistlichen Stand bestimmt, trat er 995 die Nachfolge seines Vaters an. Er wurde im Jahre 1003 zum deutschen König gewählt, ein Jahr später König von Italien und 1014 zusammen mit seiner Frau Kunigunde von Luxemburg von Papst Benedikt VIII. zum Kaiser gekrönt. Heinrich II. festigte die Reichskirche, unterstützte die Klosterreform, stellte das aufgehobene Bistum Merseburg wieder her und gründete 1007 das Missionsbistum Bamberg. Seine zielstrebige und kluge Politik schenkten dem Reich Sicherheit und Frieden.
Kaiserin Kunigunde nahm Anteil an den Regierungsgeschäften und vertrat ihren Mann, wenn er auf Reisen war. Das Ehepaar führte ein vorbildliches christliches Leben, hatte aber keine Nachkommen. Nach Heinrichs Tod am 13. Juli 1024, vor 1000 Jahren, trat Kunigunde in das von ihr gestiftete Benediktinerinnenkloster Kaufungen (heute Oberkaufungen in der Nähe von Kassel) ein, in dem sie 1033 starb.
Kaiser Heinrich II. wurde im Jahr 1146 heiliggesprochen, seine Frau Kunigunde am 29. März 1200. Ein Jahr später übertrug man ihre Gebeine in den Bamberger Dom, wo sie zusammen mit ihrem Gatten die letzte Ruhe fand. Der bedeutende Bildhauer Tilman Riemenschneider schuf zwischen 1499 und 1513 das Hochgrab des Kaiserpaares.

REZEPT

Melonen-Feta-Salat mit Minze

für 4 Personen

ZUTATEN

1 Wassermelone
1 Bund Minze
1 Fetakäse

Dressing:
Honig, Zitronensaft
Pfeffer, Salz

ZUBEREITUNG

Die Wassermelone würfeln und in eine Salatschüssel geben. Den Fetakäse zerkrümeln und mit den Minzblättern zu der Melone geben. Für das Dressing den Honig mit dem Zitronensaft verrühren und etwas Salz und Pfeffer hinzugeben.

Küchentipps

Salziger Feta

Sollte der Feta zu salzig sein, dann kann man den Käse einige Zeit in eine Schüssel mit Wasser legen und er wird etwas milder.

Echter Feta

Echter Feta wird immer aus Schafs- oder Ziegenmilch hergestellt. Finden sich auf der Verpackung Aufschriften wie „Käse nach Feta Art", „Hirtenkäse" oder „Balkankäse", dann besteht der Inhalt aus Kuhmilch.

Reife Wassermelonen

Mit einem Klopfen lässt sich überprüfen, wie reif eine Wassermelone ist: Reife Früchte geben einen vollen, tiefen Ton von sich. Auch ein Schlag mit der flachen Hand zeigt die Reife an: Vibriert die Melone, dann hat sie den richtigen Reifegrad.

KURT TUCHOLSKY

Der Bahnhofsvorsteher

Die Maschine zischt, der Dampf pustet die Wagen entlang, die Reisenden steigen ein. Noch hält der Zug. Es entsteht eine peinliche Pause, während der kein Mensch mehr weiß, was er nun noch sagen soll: der, der den Kopf zum Fenster heraussteckt, nicht, und die, die den Freund zum Bahnhof gebracht haben, auch nicht Endlich! Leise ruckt der Zug an – einige mäßig weiße Taschentücher schwenken durch die Luft, Köpfe nicken, Hände winken – adieu! Adieu! Auf Wiedersehn! – und ein letztes Scherzwort, das einem gerade noch eingefallen ist. Und ein paar stille Tränen. Aus.

Leise ruckt der Zug an – einige mäßig weiße Taschentücher schwenken durch die Luft, Köpfe nicken, Hände winken – adieu! Adieu! Auf Wiedersehn!

Übrigens geht da der Bahnhofsvorsteher mit einem dicken Buch vorn in der Brusttasche, einer roten Mütze und einem kleinen Signalstock. Er sieht und hört nichts von den Taschentuchleuten und nichts von den Weinenden. Er geht eilig in sein Büro, wo es vertrauensvoll und dienstlich klingelt. Ist das ein abgehärteter Mann! Hat er gar keine Augen?

Er sieht das täglich zwanzigmal. Er sieht es nicht mehr. Denn was man täglich sieht, das bekommt eine andere Färbung – wird zur Maschine –, ist schließlich nachher als Erlebnis gar nicht mehr da. Kaum anzunehmen, dass der Bahnhofsvorsteher, auf einem fremden Bahnhof als Fahrgast weilend, den Abschiednehmenden gar so große Aufmerksamkeit schenken wird. Er kennt das alles. Und sieht also alles viel besser? Ich glaube nicht. Zum Schluss sieht er gar nichts mehr. Und wer einmal, ein einziges Mal, so einen Bahnhofsabschied blitzartig erlebt hat, der trägt wohl mehr Farbe, Duft, Ton davon nach Hause als der Bahnhofsvorsteher, für den es zum täglichen Klipp-klapp eines Automaten geworden ist. Und das ist überall so.

Der Arzt weiß so viel vom Patienten – und weniger als ein Beobachter, der einmal das Wartezimmer bevölkert hat. Der Fremdenführer hat kein Auge mehr für sein Schloss, das er jeden Tag durchpilgert und dessen Sehenswürdigkeiten er jeden Tag ableiern muss – der Besucher hat viel mehr davon. Der Wirt sieht sein Lokal anders als der Gast; der Schauspieler das Theater anders als das Publikum. Nämlich von innen her. Und das ist mitunter nicht so ergötzlich.

Als einer der deutschen Kaiser, derentwegen ich im Abiturientenexamen durchgefallen bin, einmal ein Kloster besuchte, sagte er zu dem Prior: „Ihr habt's hier aber schön! Welch herrlicher Garten! Welch herrliches Refektorium!" Und einer der Mönche erwiderte: „Ja – herrlich – transcuntibus!" – Was etwa heißt: für die, die nur vorübergehen! – Das ist ein wahres Wort

Und wir haben bei uns so viele Bahnhofsvorsteher. Jeder ist auf irgendeinem Gebiet „Fachmann“. Und jeder glaubt, dass nun nie wieder irgendein Mensch über dieses Gebiet sprechen dürfte, weil er selbst doch Fachmann ist „Mir werden Sie da doch nichts erzählen!“ Aber hundert mitgemachte Fußballspiele, hundert Operationen, hundert Reisen sind – was die Eindrücke angeht – mitunter weniger als eine einzige. Daher ja auch die leise Enttäuschung, die uns immer befällt, wenn wir – was man nie tun soll – einmal zurückkehren, „weil es da doch so schön gewesen ist“. Das zweite Mal – das dritte Mal: Da sehen die Augen alles viel zu scharf, viel zu exakt, viel zu sachlich: die Flecke auf dem Tischtuch, das blinde Glas, den abgebröckelten Mauerverputz ... War das früher alles auch so?

„Mensch, das haben wir hier alle Tage! Immer heulen die Frauen an dieser Stelle, zu dieser Stunde, an diesem Ort – immer machen die Männer hier so ein ernstes Gesicht ...

Man muss sich wohl, um ein starkes Erlebnis zu haben, in dem schönen Glauben wiegen, der Einzige, der Erstmalige, der Einmalige zu sein. Dabei ist immer ein Bahnhofsvorsteher da, der heimlich in seinen Schnurrbart lächelt und denkt. „Mensch, das haben wir hier alle Tage! Immer heulen die Frauen an dieser Stelle, zu dieser Stunde, an diesem Ort – immer machen die Männer hier so ein ernstes Gesicht; immer gibt es hier die Schwierigkeiten mit den Autos; immer wackelt hier das schwere Gepäck auf den kleinen Wagen ...“ Immer? Für uns jedenfalls nur dieses eine Mal.

Und die Komik des Menschen enthüllt sich wohl nirgends so stark als in dieser Egalisierung in feierlichen Lagen. (Weshalb ja auch Totengräber, Anatomiediener, Offiziersordonnanzen, kurz Menschen, die den Betrieb von hinten sehen, meist so große Philosophen sind. So sagte einmal ein Anatomiediener an der Berliner Charité: „Jeder von uns stirbt an seinem Blinddarm! Er muss es nur erleben.“ – Und ich kannte einen Musikmeister im Felde, der sah die Menschheit überhaupt nur in besoffenem Zustand ..)

Ich glaube, dass man sich mit der Automatisierung des Betriebes die besten Eindrücke verdirbt. Sicherlich ist das Bild richtig, soweit etwas richtig sein kann – sicherlich macht sich der Einmalige seine Illusionen. Aber sie gehen vielleicht doch tiefer als die kalte Erfahrung des Routiniers.

Wobei es sehr heiter zu beobachten ist, dass natürlich jeder Bahnhofsvorsteher, will sagen: jeder Fachmann, durchaus nicht gelten lässt, dass er seinerseits genau den lächerlichen Aspekt eines vorgeblich Einmaligen bietet, wenn er seinen Laden verlassen bat und sich in einen anderen begibt. Der ausgekochteste

Bankier liebt, als sei noch nie geliebt worden; der Postbeamte, der alle Emotionen des Schalterpublikums kennt, fährt auf der Zahnradbahn, als sei die Zahnradbahn gerade erfunden worden – und über allen zusammen lacht der liebe Gott weise und leise, weil er es alles kennt, weil alles schon einmal da gewesen ist und weil sich die Leute auf den Bahnhöfen nun einmal so närrisch benehmen.

UNBEKANNT

Allerhöchste Eisenbahn!

Diese Redensart rührt von dem Berliner Humoristen Adolf Glaßbrenner her (1810–1876). Sie kommt vor in seiner humoristisch-dramatischen Szene „Ein Heiratsantrag in der Niederwallstraße". Der immer sehr zerstreute Briefträger Bornicke hält um die Hand der Tochter des Stubenmalers Kleinisch an. Plötzlich bricht er auf, da die Leipziger Post eingegangen sei und er die Briefe austragen müsse. Dabei sagt er: „Es ist die allerhöchste Eisenbahn, die Zeit ist schon vor drei Stunden angekommen."

AUS DEM JÜDISCHEN MORGENGEBET

Deine Güte, Herr

Du gibst der Welt
und ihren Bewohnern Licht
und durch deine Güte erneuerst du
deine Schöpfung Tag für Tag.
Wie zahlreich sind deine Werke, Gott.
Sie alle hast du in Weisheit gemacht.
Die Erde ist erfüllt mit deinem Eigentum.

REISETIPP

DOM ZU MERSEBURG

In Merseburg wurde im Jahr 968 ein Bistum gegründet. Bischof Thietmar legte 1015 den Grundstein für die erste Kathedrale. Neben der nach 1036 begonnenen, von fein profilierten Pfeilern gegliederten Hallenkrypta sind von dem romanischen Bau noch Teile des Südquerhauses und der Westtürme erhalten. Bei späteren Umbauten erfuhr der Dom mehrfach Veränderungen: Aus einer Basilika entstand zu Beginn des 16. Jh. eine obersächsische Hallenkirche.
Der Dom hat eine reiche Ausstattung bewahrt. An erster Stelle steht das bald nach seinem Tod im Jahr 1080 geschaffene Grabmal für König Rudolf von Schwaben, ein frühes Zeugnis europäischer Grabmalplastik von hohem künstlerischem Rang. Dazu zählt auch hinter einem barocken Prospekt eine der größten romantischen Orgeln Deutschlands, geschaffen von 1853 bis 1855 von Friedrich Ladegast. An die Kirche schließt sich ein stimmungsvoller Kreuzgang an.
https://www.merseburger-dom.de/

August

Do	1	CH: Bundesfeier	Alfons Maria von Liguori, Petrus Faber, Ulrich von Ursberg
Fr	2		Eusebius von Vercelli, Petrus Julianus Eymard, Stephan I.
Sa	3		Lydia v. Philippi, Burchard v. Rot (Burkhard), Benno v. Einsiedeln
So	4	18. So. im Jahreskreis	Johannes Maria Vianney, Rainer von Spalato, Justinus
Mo	5		Oswald v. Northumbrien, Dominika v. Florenz, Stanislaus Hosius
Di	6	Verklärung des Herrn	Gilbert von Maria Laach, Hermann von Cappenberg
Mi	7		Kajetan v. Thiene (Kai), Edmund Bojanowski, Juliana v. Lüttich, Sixtus II.
Do	8		Dominikus, Cyriakus, Hildiger (Hilger)
Fr	9		Teresia Benedicta vom Kreuz (Edith Stein), Altmann von Passau
Sa	10		Laurentius (Lorenz, Lars), Asteria von Bergamo (Astrid)
So	11	19. So. im Jahreskreis	Klara von Assisi, Susanna von Rom, Nikolaus von Kues
Mo	12		Johanna Franziska v. Chantal, Radegunde v. Thüringen, Karl Leisner
Di	13		Gertrud v. Altenberg, Gerold v. Lübeck, Markus v. Aviano (Marco)
Mi	14		Maximilian Maria Kolbe, Eberhard v. Einsiedeln, Meinhard v. Uexküll
Do	15	Mariä Aufn. i. d. Himmel	Assunta, Mechthild von Magdeburg, Tarcisius, Bernhard Wensch
Fr	16		Stephan I. v. Ungarn, Rochus v. Montpellier, Altfrid (Alfred) v. Hildesheim
Sa	17		Guda v. Arnstein (Jutta), Beatrix da Silva Meneses, Klara v. Montefalco
So	18	20. So. im Jahreskreis	Helena, Claudia von Genf, Rainald von Ravenna
Mo	19		Johannes Eudes, Sebald von Nürnberg, Ludwig von Toulouse
Di	20		Bernhard von Clairvaux, Samuel, Ronald von Orkney, Oswin, Hugo
Mi	21		Pius X., Gratia von Alcira (Gracia), Balduin von Rieti
Do	22		Maria Königin (Regina), Siegfried von Wearmouth, Maurus
Fr	23		Rosa von Lima, Flavian von Autun, Richildis von Hohenwart
Sa	24		Apostel Bartholomäus, Ansoalda (Isolde), Karl von Borango
So	25	21. So. im Jahreskreis	Ludwig IX. v. Frankreich, Josef v. Calasanz, Elvira v. Périgord, Patricia
Mo	26		Gregor von Utrecht, Teresa von Jesus Jornet, Alexander von Bergamo
Di	27		Monika, Gebhard II. von Konstanz, Cäsarius von Arles
Mi	28		Augustinus v. Hippo, Elmar v. Lüttich, Adelind v. Buchau, Adeline
Do	29		Enthauptung Johannes' d. Täufers, Sabina v. Rom, Beatrix v. Aa
Fr	30		Heribert von Köln, Rebekka, Ingeborg, Amadeus von Lausanne
Sa	31		Paulinus von Trier, Raimund Nonnatus, Josef von Arimathäa

Gottes Nähe erfahren

SR. TERESA ZUKIC

Die Nacht, die alles änderte

Es war eine ganz gewöhnliche Nacht in einem Sportinternat. Am nächsten Morgen stand ein wichtiges Basketballspiel bevor. Ich schlief ein, wie man eben so einschläft. Am Tag zuvor legte meine Mitbewohnerin einen Stapel Bücher in mein Zimmer, die sie aussortieren wollte. Gegen zwei Uhr früh erwachte ich ohne ersichtlichen Grund, döste und fand keinen Schlaf mehr. Erst hörte ich meine Lieblingsmusik (Queen), doch es half nichts. Dann schaute ich auf den Stapel Bücher und nahm das erste in die Hand. Vielleicht hilft ja lesen, um wieder müde zu werden. Dieses Buch sollte mein Leben verändern. Ich griff zur Bibel, in die ich vorher noch nie geschaut hatte, und schlug eine Seite willkürlich auf. Ich las die „Bergpredigt" und vertiefte mich darin. Und nun fehlen mir die Worte. Ich wurde existenziell getroffen, konnte meinen Augen nicht trauen, spürte Glauben in mir und las die ganze Nacht bis zum Morgengrauen. Ich erfuhr von Jesus, von einem Gott, den er Vater nannte. Ich war davon betroffen, dass man auch die andere Wange hinhalten sollte, wenn man geschlagen werde, und ich dachte, so verrückt kann doch keiner sein. Ich las, wie Jesus Menschen heilte, wie er brutal ermordet wurde und wie seine Freunde behaupteten, er sei auferstanden. Ich war fasziniert von dem Gedanken, man sollte sich freuen, wenn man verfolgt wird. Bis zu diesem Zeitpunkt dachte ich, ein gelungenes Leben bestünde darin, geliebt und nicht verfolgt zu werden. Gott hatte mich gefunden. Ich hatte ihn von mir aus nie gesucht. Beim Basketballspiel am folgenden Morgen wurde ich schwer verletzt. Eine Gegnerin schlug mir in den Magen, und ich fiel zu Boden. Alles schrie schon, und als ich mich wieder aufraffte, stand sie vor mir. Mir fiel die Sache mit der „anderen Wange" ein, und ich beschloss, ihr etwas Nettes zu sagen. Früher hätte ich ihr bestimmt beim nächsten Angriff auch gezeigt, wo es langgeht. Jetzt spür-

SR. TERESA ZUKIC

Deutschlandweit ist die Skateboard fahrende katholische Nonne bekannt geworden. Seit fast 30 Jahren hält die humorvolle und mitreißende Gastrednerin jährlich bis zu 200 Vorträge in Kirchen und Kongresshallen über Lebensbewältigung aus christlicher Sicht. Schwester Teresa Zukic gehörte neun Jahre dem Orden der Vinzentinerinnen an, bevor sie ihre Gemeinschaft der „Kleinen Kommunität der Geschwister Jesu“ im Erzbistum Bamberg gründete.

Die gebürtige Kroatin ist in Deutschland aufgewachsen und war in jungen Jahren Leistungssportlerin. Mit 19 Jahren fand sie zu Jesus und ließ sich taufen. Nach einer Krebserkrankung kämpfte sie sich 2021 zurück ins Leben. Am 5. August feiert sie ihren 60. Geburtstag.

te ich Licht und Frieden, und ich dachte mir: Es stimmt! Nach dem Spiel lief ich heim und las in der Bibel.
Es war alles so aufregend, als hätte ich einen kostbaren Schatz ausgegraben, den ich nun Stück für Stück betrachtete, und meine Freude darüber konnte ich kaum verschweigen. Nun gut, ich verstand noch nicht alles, manches erschien mir widersprüchlich, manche Wunder, von denen ich las, unbegreiflich. Aber in meinem Herzen ahnte ich – oder war es mehr als eine Ahnung? –, dass diese Botschaft stimmt. Hatte ich die Wahrheit gefunden, die ich nie gesucht hatte? Ich las immer wieder vom Beten, aber wie betet man? In der Bergpredigt stand: „Du aber geh in deine Kammer, wenn du betest, und schließ die Tür zu; dann bete zu deinem Vater, der im Verborgenen ist.“ Also schloss ich meine Tür ab und nahm mir vor, zu diesem „Vater“ zu beten: „Hallo, Vater, hörst du mich?“ Es ist nichts passiert, auch nicht, als ich es das zweite Mal sagte. Gar nichts, und ich dachte, beten kannst du noch nicht! Ich saß aber lange einfach da und dachte darüber nach, ich formte Worte, ließ sie wieder fallen, bis mir diese Gedanken kamen:

„Ich hielt die Wacht
die ganze Nacht
hab dich gerufen
um dich aufzusuchen
Ich hielt die Hände fest gepresst
damit du mich nie mehr verlässt

Ich hielt die Wacht
die ganze Nacht
hab dich gesehen
im Dunkeln stehn
Du warst so nah
bist immer da.“

Vielleicht war es ein Gebet, bis heute habe ich es jedenfalls nicht vergessen. Im Übrigen erlebte ich meinen Alltag mitanderen Augen und hielt mich genau an die Anweisungen in der Bergpredigt.

GABRIELE GREINER-JOPP

Mariä Himmelfahrt – alles Gute kommt von oben

„Du bist ganz schön abgehoben“ – wenn wir das zu jemand sagen, ist es nicht positiv gemeint. Und „schön“ ist es tatsächlich nicht, wenn jemand den Kontakt zum wirklichen Leben verloren hat, zu den sogenannten Realitäten und damit oft genug auch zu den Menschen. Solche Menschen wirken leicht „von oben herab“ in ihrem Verhalten und in ihrer Sprache. Andererseits sagen wir „Alles Gute kommt von oben.“ Wie passt das zusammen?

Am 15. August feiern katholische Christen das Fest der Aufnahme Marias in den Himmel, kurz: Mariä Himmelfahrt. Sie feiern eine Frau, die Erde und Himmel in sich verbunden hat. Solange Maria lebte, war sie nicht abgehoben. Als Maria ihren toten Sohn in die Erde gelegt hat, ist sie nicht verzweifelt, sondern hat erlebt, dass seine Botschaft und seine Liebe weiterleben, unsterblich sind.

Mitten im Sommer, in der Zeit der Reife und Ernte, feiern wir diese Frau, Maria. Mit Leib und Seele hat sie vertraut. So hat sie den Himmel mit der Erde verbunden. So hat sie uns Gott nahegebracht. Das ist die Ernte IHRES Lebens. Deshalb gedenken wir ihrer mit Sträußen aus Heilkräutern, die die Kraft des Himmels und der Erde in sich tragen. Deshalb vertrauen wir darauf, dass wir in Maria sehen, wie ein menschenfreundlicher Gott uns annimmt und aufnimmt – mit Leib und Seele.

Dieses Vertrauen lässt uns nicht abheben, sondern hilft uns, realistisch zu bleiben. Das Gute, das von oben kommt, schmeckt auf der Erde schon nach Himmel. Sonst ist es abgehoben.

THEODOR STORM

Ein grünes Blatt

Ein Blatt aus sommerlichen Tagen,
Ich nahm es so im Wandern mit,
Auf dass es einst mir möge sagen,
Wie laut die Nachtigall geschlagen,
Wie grün der Wald, den ich
durchschritt.

Tipp von Sr. Hedwig

HEIDELBEEREN

Im August gibt es viele Schwarz- oder Heidelbeeren. Wer sammeln mag, braucht nur in den Wald zu gehen und zu suchen. Heidelbeeren schmecken nicht nur frisch mit Schlagsahne und Eis, sondern sind auch sehr gesund. Sie enthalten eine hohe Menge an Gerbstoffen, Fruchtsäure, Flavonoide und Vitamin C. In und unter der Schale der Heidelbeeren verbirgt sich ein hoher Anteil von Vitamin C, Beta-Carotin, Vitamin E und Anthocyanen. Diese Stoffe fangen gemeinsam sogenannte Radikale ab und verhindern Oxidationsprozesse im Körper.
Das schützt nicht nur vor zahlreichen Krankheiten, sondern bremst auch den sichtbaren Alterungsprozess der Haut. Bei Schleimhautentzündungen und Durchfall hilft ein Tee aus getrockneten Beeren. Die Gerbstoffe der Heidelbeere haben eine antibakterielle und leicht schmerzstillende Wirkung. Außerdem wirken die Heidelbeeren fiebersenkend.

100. Geburtstag von Ephraim Kishon

Der ungarisch-jüdische Satiriker entdeckte schon sehr früh sein schriftstellerisches Talent. Doch die gegen Juden erlassenen Gesetze hinderten ihn daran, ein Studium aufzunehmen, sodass er stattdessen eine Lehre zum Goldschmied absolvierte. Nachdem er die Deportation überlebt hatte, wanderte er 1949 nach Israel aus.
Kishon ist bekannt für seine Satiren über den israelischen Alltag und das eigene Familienleben. Eine seiner bekanntesten Sammlungen trägt den Titel „Der Blaumilchkanal" und wurde sowohl als Hörspiel produziert als auch verfilmt. Seine eindrucksvolle Beobachtungsgabe und sein scharfzüngiger Humor bescherten ihm 43 Millionen verkaufte Bücher, davon allein 33 Millionen in deutscher Sprache.
Am 23. August 2024 hätte er seinen 100. Geburtstag gefeiert.

Dom Hélder Câmara

Dom Hélder Câmara zählt den bedeutendsten Vertretern der südamerikanischen Befreiungstheologie. Der Erzbischof von Olinda und Recife setzte sich auch für die Menschenrechte ein und prangerte die Verbrechen der brasilianischen Militärdiktatur von 1964 bis 1985 an. Hélder Pessoa Câmara, so sein vollständiger Name, kam 1909 im unterentwickelten Nordosten Brasiliens als elfter von dreizehn Söhnen eines Buchhalters und einer Volksschullehrerin zur Welt. Seine Mutter war eine fromme Katholikin. Schon als Kind wollte Hélder Pessoa Câmara Priester werden. Im Akter von 14 Jahren trat er ins Priesterseminar ein und mit 22 Jahren empfing er die Priesterweihe. Um die katholische Kirche stärker im Volk zu verankern, baute er die Laienorganisation „Katholische Aktion" mit auf und schuf die „Katholische Arbeiterinnen-Gewerkschaft".
Schnell machte Dom Hélder Câmara in der Kirche Karriere. Im Jahr 1952 wurde er Weihbischof in Rio de Janeiro. Er besuchte die Elendsviertel der Millionenmetropole und bemühte sich um die Verbesserung der Lebensbedingungen. Fernsehpredigten steigerten seine Beliebtheit. Auf dem Zweiten Vatikanischen Konzil zählte er zu den wichtigsten Sprechern der Dritten Welt. Seine Forderungen sozialer Gerechtigkeit ließen ihn zunehmend ins Visier der ab 1964 regierenden Militärjunta geraten. Mehrere Attentate auf ihn scheiterten. Im Ausland hingegen stieg durch mehrere Vortragsreisen seine Popularität. Im Jahr 1974 erhielt er den „Alternativen Friedenspreis". Dom Hélder Câmara starb vor 25 Jahren am 27. August 1999. Der Seligsprechungsprozess wird von Papst Franziskus befördert.

REZEPT

Spinatsalat mit Buttermilchdressing

für 8–10 Personen

ZUTATEN

1 kg junger Blattspinat
300 g Cocktailtomaten
300 g Champignons
2 Bund Frühlingszwiebeln

Buttermilchdressing:
125 ml Buttermilch
3 EL Zitronensaft
Salz, Pfeffer, Zucker
100 ml Rapsöl

Topping:
250 g zerbröckelter Edelpilzkäse, z. B. Roquefort-Käse
5 TL Sesamsamen

ZUBEREITUNG

Spinat verlesen, putzen und Stiele entfernen, Blätter waschen und abtropfen lassen. Blätter evtl. etwas kleiner schneiden. Cocktailtomaten abspülen und halbieren, die Stängelansätze herausschneiden. Champignons putzen, abreiben, evtl. abspülen, abtropfen lassen und in Scheiben schneiden. Frühlingszwiebeln putzen, abspülen, abtropfen lassen und in feine Ringe schneiden. Für das Dressing Buttermilch mit Zitronensaft verrühren, mit Salz, Pfeffer und Zucker würzen und Öl darunterschlagen. Spinat mit Cocktailtomaten, Champignons und Frühlingszwiebeln in einer Schüssel mit Dressing übergießen, mit Sesamsamen bestreuen und servieren.

Küchentipps

Frischer Blattspinat
Beim Garen schrumpft frischer Blattspinat auf etwa 1/8 des Volumens. Deshalb sollte man die Menge des frischen Spinats immer großzügig bemessen. Auch beim Blanchieren verliert der Spinat an Masse: 100 g frischer Spinat entsprechen noch etwa 80 g blanchiertem Spinat.

Frische Pilze
Beim Einkauf frischer Pilze sollte man darauf achten, dass die Pilze eine glatte und unverletzte Hutoberfläche haben. Die Schnittflächen der Pilze sollten frisch sein und die Pilze den zarten Geruch von Wald und Pilz verströmen. Wichtig ist auch, dass sich die Pilze fest, trocken und samtig anfühlen.

EPHRAIM KISHON

Die Rache des zweiten Gebotes

Kürzlich fand ich eine Nachricht von Jossele auf dem Anrufbeantworter vor. Es war ein Anruf aus dem Krankenhaus, er bat mich, ihn zu besuchen. Natürlich machte ich mich sofort auf den Weg.

Ich fand Jossele im Garten des Spitals, bleich und deprimiert in einem Rollstuhl sitzend, ein Bild des Jammers. Und was mich am meisten erschütterte, er hielt ein Gebetbuch in der Hand.

„Jossele", rief ich. „Was ist los mit dir?"

„Nichts Besonderes." Jossele schüttelte müde den Kopf. „Aber was mir am Montag passiert ist, hat mich davon überzeugt, dass es die Gerechtigkeit Gottes gibt."

„Bitte, erklär mir das genauer", sagte ich und setzte mich neben ihn.

Jossele holte tief Atem.

„Mein Wagen war in der Reparatur, und das Schicksal ereilte mich in einem städtischen Autobus", begann er. Linie 33. Montag. Rushhour. Auch im Bus. Mit Händen, Füßen und Ellbogen habe ich mir einen Sitz erkämpft. Kaum saß ich, pflanzte sich irgendein seniler Idiot vor mir auf und begann sich völlig ungefragt zu äußern, es sei ein Skandal und eine Schande, ein gesunder Mensch wie ich bliebe sitzen, und ein alter, kränklicher Mann wie er müsse stehen. Ich reagierte nicht. Die Leute sollten mich für einen Neueinwanderer halten, der die Landessprache noch nicht versteht. Der Alte schimpfte weiter, erging sich in immer heftigeren Missfallenskundgebungen über die schlechten Manieren im Allgemeinen und mich im Besonderen. Ich blieb ungerührt. Es fiel mir gar nicht ein, meinen bequemen Sitz gegen einen Stehplatz im Gedränge zu tauschen.

Inzwischen aber hatten die Hetzreden des Alten den ganzen Bus gegen mich empört. Plötzlich packte er mich am Kragen, riss mich hoch und setzte sich unter dem Jubel der Menge auf meinen Platz. Das war der Augenblick, ihm und dem aufgehetzten Pöbel eine Lektion zu erteilen. Ich schwankte, hielt mich nur mühsam aufrecht und bahnte mir stöhnend den Weg zum Ausgang, wobei ich mit schmerzverzerrtem Gesicht das rechte Bein nachzog.

Über den Bus senkte sich verlegenes Schweigen, dem beschämtes Geflüster folgte.

‚Der arme Kerl', hörte ich. ‚Ist gelähmt, hat ein krankes Bein, kann sich kaum bewegen, und dieser alte Trottel verjagt ihn von seinem Sitz. Ein Egoist! Ein Unmensch! Pfui!'

Beinahe wären sie über ihn hergefallen. Einige standen auf, um mir ihren Sitz anzubieten. Ich winkte mit müder Märtyrergeste ab. Und da ich sowieso am Ziel war, bereitete ich mich unter neuerlichem Stöhnen zum Aussteigen vor."

„Gut gemacht", ich nickte anerkennend. „Und dann?"

„Dann", sagte Jossele, „bin ich auf dem Trittbrette ausgerutscht und hab' mir ein Bein gebrochen."

Damit wandte er sich wieder seinem Gebetbuch zu. Der Herr hat also doch Humor, zumindest hin und wieder.

EPHRAIM KISHON

Übung macht den Meister oder Briefe auf Umwegen

Vor etwa einer Woche bemerkte ich, dass ich keine Briefe mehr bekam. Ich glaubte zuerst, es handle sich um einen neuen Briefträger. Gestern entdeckte ich durch Zufall den wahren Grund. Als ich zu ungewohnter Stunde das Haus verließ, sah ich den kleinen Riegler aus dem Nebenhaus, wie er mit zwei zarten Fingern in den Schlitz meines Briefkastens fuhr und gleich auf den ersten Griff drei oder vier Briefe herausfischte. Als er mich sah, flitzte er davon.

Ich begab mich ebenso schnurstracks wie wutschnaubend zu Herrn Riegler, der bereits an der Haustür stand.

„Was los?“, fragte er.

„Allerdings“, schleuderte ich ihm entgegen, „Ihr Sohn stiehlt meine Briefe.“

„Er stiehlt keine Briefe. Das Kind sammelt Briefmarken.“

„Wie bitte?“

„Hören Sie“, holte Herr Riegler aus. „Ich lebe mit Gottes Hilfe seit 33 Jahren in diesem Land und habe einiges geleistet, wovon nur sehr wenige Menschen wissen, darunter ein paar Minister. Ich spreche aus Erfahrung. Und ich sage Ihnen, heutzutage ist es nicht mehr der Mühe wert, Briefe zu bekommen.“

„Und wenn ein wichtiger Brief dabei ist?“

„Wichtig? Was ist schon wichtig? Ist der Steuerbescheid wichtig? Ist eine Gerichtsvorladung wichtig? Ist es wichtig, was Ihre geldgierigen Verwandten in ihren Bettelbriefen schreiben? Glauben Sie mir, es gibt keine wichtigen Briefe.“

„Oh, doch.“

„Seien Sie nicht kleinlich. Mein Bruder war Karatetrainer in der Armee und bekam plötzlich einen Brief mit der Nachricht, dass er als Gesandter nach Sansibar zu gehen hätte. Er gab ein Vermögen für eine neue Garderobe aus und las eine Menge Bücher, um sich über seinen neuen Wirkungsbereich zu informieren. Nach einer Woche stellte sich heraus, dass es sich um einen bedauerlichen Irrtum handelte, jetzt arbeitet er als Rausschmeißer in der ‚Sansi-Bar‘. Nur damit Sie wissen, was ein wichtiger Brief ist.“

„Wichtig oder nicht, ich möchte meine Briefe ganz gerne lesen. Okay?“

„Okay. Ich versuche meinen Sohn dazu zu bringen, dass er nur die Marken behält und Ihnen die wichtigsten Briefe zurückgibt.“

„Vielen herzlichen Dank. Darf ich Ihrem Herrn Sohn einen Schlüssel zu meinem Briefkasten überreichen?“

„Wozu? Der Bub soll nur schön lernen, wie man Marken sammelt.“

Damit war der philatelistische Privatdienst zwischen mir und Biegler junior offiziell eröffnet.

Nach Gebot Nummer sieben bin ich also ein Komplize.

Die Zehn Gebote sind durchaus in Ordnung, aber sie machen es sich zu leicht. Alles, was schön ist im Leben, wird mir nichts, dir nichts verboten.

Warum, um Himmels willen, konnte Moses seine Gebote nicht freundlicher formulieren. Klingt es nicht viel hübscher, wenn man sagt „Stiehl geschickter, Dummkopf.“

DOM HÉLDER CÂMARA

Sag Ja

Sag Ja zu den Überraschungen,
die deine Pläne durchkreuzen,
deine Träume zunichtemachen,
deinem Tag eine ganz andere Richtung geben
–
ja vielleicht deinem Leben.
Sie sind nicht Zufall.
Lass dem himmlischen Vater die Freiheit,
deine Tage zu bestimmen.

REISETIPP

BENEDIKTINERABTEI MARIA LAACH

Die dreitürmige Westfassade der Abteikirche Maria Laach ist der Inbegriff deutscher Romanik. Auf eine Stiftung des lothringischen Pfalzgrafen Heinrich II. geht ihre Gründung im Jahr 1093 zurück. Die Fertigstellung zog sich über 120 Jahre hin. Erst die Jesuiten gaben der Abtei im 19. Jh. den Namen „Maria Laach".
Die sechstürmige Klosterkirche ist eine gewölbte Pfeilerbasilika mit prachtvollem Westportal. Als Vorbilder dienten die Dome in Speyer und Mainz. Doch anders als bei den strengen Kathedralen kommt in Maria Laach in vielen Details die neue Schmuckfreude der Stauferzeit zur Geltung. Mönche aus Beuron besiedelten das Kloster Ende des 19. Jh. neu. Damals entstand das riesige Christus-Mosaik in der Apsis. Einzigartig ist das berühmte und ursprünglich bemalte Hochaltarziborium aus dem 13. Jh.
Internet: https://www.maria-laach.de/.

September

So 1	22. So. im Jahreskreis	Ruth, Josua, Gideon, Verena, Ägidius, Aloys Scholze
Mo 2		Ingrid Elovsdotter, Franz Urban Salins de Niart, Justus von Lyon
Di 3		Gregor der Große, Sophie von Minden, Phoebe, Marinus von Rimini
Mi 4		Irmgard von Süchteln, Ida von Herzfeld, Iris, Rosa von Viterbo
Do 5		Mutter Teresa, Roswitha von Gandersheim, Maria Theresia
Fr 6		Magnus v. St. Gallen, Gundolf v. Metz, Stephan v. Die (Étienne)
Sa 7		Otto von Freising, Judith, Regina von Burgund, Dietrich I. von Metz
So 8	23. So. im Jahreskreis	Hadrian (Adrian), Sergius I., Alan de la Roche
Mo 9		Petrus Claver, Friedrich (Frederic) Ozanam, Euthymia Üffing (Emma)
Di 10		Nikolaus v. Tolentino, Diethard v. Tongern, Dagobert II. v. Austrasien
Mi 11		Ludwig IV. von Thüringen, Maternus von Köln, Felix und Regula
Do 12		Mariä Namen (Marion), Guido v. Anderlecht, Gerfried v. Münster
Fr 13		Johannes Chrysostomus, Tobias u. Tobit, Notburga von Rattenberg
Sa 14	Kreuzerhöhung	Conan O'Rourke (Kornelius), Albert von Jerusalem
So 15	24. So. im Jahreskreis	Dolores, Roland von Medici, Melitta von Preslav (Melissa)
Mo 16		Kornelius von Rom, Edith von Wilton, Julia von Oeren
Di 17		Hildegard von Bingen, Robert Bellarmin, Ariadne (Ariane)
Mi 18		Lambert v. Maastricht, Lambert v. Freising, Richardis v. Andlau (Ricarda)
Do 19		Theodor von Canterbury, Igor von Kiew, Januarius von Neapel
Fr 20		Andreas Kim Taegon, Paul Chong Hasang, Eustachius, Warin
Sa 21		Apostel und Evang. Matthäus, Jona(s), Debora, Maura
So 22	25. So. im Jahreskreis	Herbstanfang, Mauritius (Moritz), Emmeram von Regensburg
Mo 23		Zacharias u. Elisabeth, Thekla v. Ikonium, Linus, Pio da Pietrelcina
Di 24		Rupert u. Virgil v. Salzburg, Gerhard Sagredo, Hermann der Lahme
Mi 25		Niklaus von Flüe (Bruder Klaus), Gottfried Thelen, Firmin von Amiens
Do 26		Kosmas u. Damian, Kaspar Stanggassinger, Eugenia v. Odilienberg
Fr 27		Vinzenz von Paul, Hiltrud von Lissies, Dietrich I. von Naumburg
Sa 28		Lioba v. Tauberbischofsheim, Wenzeslaus (Wenzel), Laurentius Ruiz
So 29	26. So. im Jahreskreis	Erzengel Michael, Gabriel und Rafael, Johannes von Dukla (Jan)
Mo 30		Hieronymus, Sophia von Mailand, Urs und Viktor von Solothurn

Staunen lernen

MARION KÜSTENMACHER

Vom Staunen

Bei einem Wunder geht es nicht um das, was wir für unmöglich halten. Was ein Wunder ist, hängt von unserer Deutung ab. Von unserer Fähigkeit zu verweilen und zu staunen. Ein Wunder ist etwas, das uns die Augen öffnet für das Unglaubliche mitten im scheinbar Gewöhnlichen. Ein Stein, eine Wolke oder eine Blüte kann dann zum Tor in einen neuen Bewusstseinsraum werden. Hier zeigt sich die Welt selbst als das Wunder aller Wunder. Dass es diesen Stein überhaupt gibt. Und gleichzeitig mich, die ihn wahrnehmen kann.
Wunder sind also keine Beleidigung für den rationalen Verstand. Sie sind eine Expansionserfahrung unseres Geistes, der das rationale Denken schätzt und seinen Horizont gleichzeitig überschreitet. Staunen können angesichts einer Wolke oder eines Steins ist eine philosophische Höchstleistung. Je mehr man die unzähligen Formen des Lebens im Allerkleinsten oder Allergrößten bestaunt, desto wunderbarer wird die Welt. Unfassbar, unvorstellbar in ihrer Komplexität. Man begreift, dass die lebendige Wirklichkeit so grandios ist, dass man sie niemals ganz erfassen kann. Aber dankbar staunend bewohnen. Am besten formulierte es der Dichter Joachim Ringelnatz: „Überall ist Wunderland. Überall ist Leben."

Der Stein

Wer kann den ziehenden Wolken nachsehen oder zu seinen Füßen einen Stein anschauen und behaupten, es gäbe keine Wunder mehr?

Ralph Waldo Emerson

VON DER FREUDE EINFACHER DINGE

Was das Leben wirklich ausmacht, sind die kleinen, unscheinbaren Dinge: ein mit Liebe gebackener Kuchen, ein schön arrangierter Blumenstrauß oder ein voller Lebensfreude geschwenkter Hut. Mit dem Herzen betrachtet, liegt in ihnen eine tiefere Botschaft versteckt. Die kleinen Dinge des Lebens können uns Weisheiten lehren.

Ein Wunder ist etwas, das uns die Augen öffnet für das Unglaubliche mitten im scheinbar Gewöhnlichen.

Marion Küstenmacher

MARION KÜSTENMACHER

Von der Schönheit

Jeder gewöhnliche Wassertropfen ist ein kristallklares Wunderwerk. Eigentlich hat er nur ganz kurz Tropfenform, dann ruht er in sich als ideale Kugel von etwa einem halben Millimeter Durchmesser. Die größten Wassertropfen schaffen zwei oder drei Millimeter. Aufgrund ihres Gewichts sind sie dann unten leicht eingedellt wie eine Bohne.
Dass überhaupt ein Wassertropfen entsteht, liegt an den beziehungsfreudigen Wassermolekülen. Sobald sie aufeinandertreffen, halten sie sich gegenseitig fest. Sie lieben es, mit ihresgleichen in Verbindung zu bleiben. Die Schönheit eines glitzernden Tautropfens beruht also auf der Anziehungskraft, auf dem grandiosen Zusammenhalt in seinem Inneren. So wird er nach außen zum Spiegel der Welt. Vielleicht entzückt uns deshalb ein kleiner Tautropfen auf einer Blüte so sehr. Er reflektiert ihre Schönheit, kann aber ganz bei sich bleiben. Wie die Blüte auch. Ein wunderbar sanftes Beziehungsspiel, das sich wiederum in unserer Seele widerspiegelt. Es öffnet uns für die Schönheit des Lebens. Denn die Freude und Hingabe, mit der wir über einen kleinen Wassertropfen meditieren, offenbart uns etwas über die Schönheit und den Beziehungsreichtum in unserem eigenen Herzen.

Der Wassertropfen

Ergründe das Herz nur eines Wassertropfens und du wirst von hundert Ozeanen durchflutet.

Mahmud Shabestari

MANFRED BECKER-HUBERTI

Geburt Mariens

Das Fest der Geburt Christi am 25. Dezember ist der Auslöser des Festes Verkündigung des Herrn (früher: Verkündigung der Gottesmutter, Fest Mariä Verkündigung) am 25. März. An diesem Tag, neun Monate vor seiner Geburt, erinnert die Liturgie an die Botschaft des Engels an Maria und deren Antwort: „Ich bin die Magd des Herrn; mir geschehe, wie du es gesagt hast.“ Das von der Westkirche im 7. Jahrhundert übernommene Fest lässt sich in der Ostkirche bereits im 6. Jahrhundert nachweisen.
Heute wird das Fest nicht mehr als Marien-, sondern als Herrenfest gerechnet. Passend zum Festtag wurde früher am Vortag, dem 24. März, des Verkünders und Engels Gabriel gedacht (verlegt auf den 29. September). Da Christus als Sonne und aufgehendes Licht gedeutet wurde, galt Maria Verkündigung, wenn die Geburt Christi verheißen wird, als Tag der Wiedergeburt des Lichtes, was die Natur in ihrem Jahreslauf eindrucksvoll bestätigte. Noch einmal werden Frühlingsbräuche wie z. B. das Vertreiben des Winters ausgeübt. Zeitweise und in bestimmten Gegenden galt der Tag als eigentlicher Frühlingsanfang. Die zum Frühjahr aus dem Süden heimkehrende Schwalbe gilt als das der heiligen Maria und Gottesmutter gewidmete Tier. Mariä Verkündigung kommen und Mariä Geburt fliegen die Schwalben fort („Mariä Geburt fliegen die Schwalben furt“).
Aus dem Weihefest der Kirche der Gottesmutter „wo sie geboren ist“, entwickelte sich Ende des 5. Jahrhunderts das Fest Mariä Geburt am 8. September. In der Ost- und der Westkirche feierte man diesen Tag, der auch Kleiner Frauentag genannt wurde, schon im 7. Jahrhundert.

Tipp von Sr. Hedwig

WEINRAUTE

In den Klöstern des Mittelalters durfte die Weinraute nicht fehlen, weil sie als unentbehrliche Heilpflanze galt. Doch inzwischen wird sie fast nur noch von Liebhabern alter Pflanzensorten kultiviert und kommt selten vor. Dabei ist sie eine wertvolle Heilpflanze vor allem gegen Verkrampfungen. Auch in den Wechseljahren kann sie wertvolle Dienste zur Linderung der typischen Beschwerden leisten.

Sie wurde früher zum Würzen von Wein und Grappa und natürlich in der Heilkunde verwendet. Das Aroma der Weinraute ist allerdings recht streng und nicht jedermanns Sache. In der Küche sollte man auf jeden Fall sparsam damit umgehen.

Die Blätter der Weinraute kann man als Tee trinken, täglich allerdings höchstens drei Tassen. Der Tee hilft gegen Verdauungsbeschwerden, die durch Verkrampfungen oder mangelnde Durchblutung hervorgerufen werden. Auch bei Menstruationsbeschwerden kann die Weinraute helfen.

CHRISTIAN MORGENSTERN

Stilles Reifen

Alles fügt sich und erfüllt sich,
musst es nur erwarten können
und dem Werden deines Glückes
Jahr und Felder reichlich gönnen.

Bis du eines Tages jenen
reifen Duft der Körner spürest
und dich aufmachst und die Ernte
in die tiefen Speicher führest.

Caspar David Friedrich

Caspar David Friedrich kam vor 250 Jahren am 5. September 1774 in Greifswald zur Welt. Er gilt als bedeutendster Zeichner und Maler der deutschen Frühromantik. Sein „Kreuz im Gebirge" zählt zu den wichtigsten Werken dieser Epoche. In seinen Bildern verbindet Friedrich die Themen Landschaft und Religion. Die Darstellung der Landschaft und damit von Gottes Schöpfung war für den protestantisch-pietistisch geprägten Friedrich ein beständiger Gottesdienst. Immer wiederkehrende Bildmotive zeigen Klosterruinen oder idealisierte mittelalterliche Kirchen. Caspar David Friedrich starb im Jahr 1840 in Dresden.

Egon Eiermann

Egon Eiermann (1904–1970) gilt als einer der bedeutendsten deutschen Architekten der Nachkriegszeit. Zunächst vor allem im Industriebau tätig, gehen auf ihn die Entwürfe für die Deutsche Botschaft in Washington und das Abgeordentenhochhaus „Langer Eugen" in Bonn zurück. Strenge Geometrie, Einfachheit und Funktionalität zeichnen Eiermanns Bauten aus. Nach seinen Plänen entstanden die Mätthauskirche in Pforzheim und der Neubau der Kaiser-Wilhelm-Gedächtniskirche in Berlin, deren Innenraum die mit farbigem Glas gefüllten Wabenfenster prägen. Egon Eiermann wurde vor 120 Jahren am 29. September 1904 in Neuendorf bei Potsdam geboren.

„Ich frage mich zuerst, ob etwas richtig, und dann, ob etwas schön ist."
Egon Eiermann

Abbé Franz Stock

Franz Stock kam vor 120 Jahren am 21. September 1904 zur Welt. Sein Theologiestudium absolvierte er teilweise in Frankreich. Der angehende Priester hatte beschlossen, sich für die Völkerverständigung zu engagieren. Im Jahr 1934 wurde Franz Stock zum Pfarrer der deutschen Gemeinde in Paris ernannt. Ab 1941 war er auch für die Wehrmachtsgefängnisse in der französischen Hauptstadt zuständig. Er setzte sich für die Gefangenen ein, konnte Todesurteile verhindern und es gelang ihm bei Geißelerschießungen, die Zahl der Opfer zu verringern. Überlebende bezeugten den aufopferungsvollen Dienst des „Seelsorgers der Hölle". Nach dem Krieg gründete er das Stacheldrahtseminar in Chartres, dem 949 Dozenten, Priester und Seminaristen angehörten. Franz Stock, dessen Gesundheit durch den Krieg stark angegriffen war, starb 1948 in Paris.

REZEPT

Blitz-Minestrone

ZUTATEN

für 2 Personen

1 EL Olivenöl
1 kleine Zwiebel, fein gewürfelt
2 Knoblauchzehen, gepresst
2 gewürfelte Tomaten, ersatzweise 2 EL Tomatenmark
1 Karotte in Scheiben
1 mittelgroße Kartoffel, gewürfelt
150 g Weißkraut, in Fleckerl (Rauten/Rechtecke) oder Streifen geschnitten
¾ Liter Gemüsebrühe
zum Würzen: Lorbeer, Pimentkörner, Salz und Pfeffer, mediterrane Kräuter (Oregano, Basilikum, Thymian)
2 Espressotassen gekochten Reis, auch vom Vortag
zum Garnieren: frisches Basilikum

ZUBEREITUNG

Öl erhitzen, Zwiebel und Knoblauch etwas andünsten, Tomatenwürfel oder -mark zugeben und kurz mitdünsten. Das restliche Gemüse beifügen, etwas anrösten. Mit der Brühe aufgießen. Gewürze dazugeben und köcheln lassen, bis das Gemüse weich ist. Den gekochten Reis einrühren und mit Salz und Pfeffer abschmecken. Mit Basilikum garnieren.

Küchentipps

Frischer Lorbeer

Echten Lorbeer kann man auch in unseren Breiten im Garten anbauen. Auch der frisch geerntete Lorbeer kann zum Kochen genutzt werden. Da frischer jedoch mehr Gerbstoffe als getrockneter Lorbeer enthält, sollte man ihn in der Küche sparsam dosieren.

Piment

Der sehr aromatische Piment vereint in seinem Geschmack Pfeffer, Nelken, Muskat und Zimt. Piment ist jedoch nicht so scharf wie Pfeffer. Mit Piment würzt man sowohl deftige Speisen wie Wild- und Kohlgerichte, aber auch Wurst, Fisch, Soßen und Suppen. Auch Getränke, z. B. Glühwein, Punsch und Tee, werden mit Piment verfeinert.

Stefanie Heckl

Im Fluss

„Im Fluss" heißt das Gemälde von Sr. Regina. Im Kloster Hegne leitet sie seit über zehn Jahren die Kreativwerkstatt. Es ist ein Bild, bei dem man an Sommer denken kann. An einen am Wasser verträumten Urlaubstag. Die Bewegung des Wassers ist im Bild in vielen kleinen Wellen eingefangen.
Der griechische Philosoph Heraklit sagte einmal, man kann nicht zweimal in denselben Fluss steigen. Wenn man aus dem Fluss steigt und gleich darauf wieder hinein, hat er sich schon verändert: Das Wasser ist weg- und neues nachgeflossen. Später wurde diese „Flusslehre" mit den Worten „Alles fließt" oder „Alles ist im Fluss" zusammengefasst.
Leben bedeutet ständige Veränderung. Nichts bleibt, wie es ist. Das kann uns manchmal Angst machen, denn es bedeutet, dass liebe Menschen von uns gehen werden, dass das Vertraute keinen Bestand hat und dass wir uns immer wieder auf Neues einstellen müssen. Doch dieses Bild von Sr. Regina ist kein beängstigendes. Wer im Sommer gern schwimmt oder in einem Boot durchs Wasser gleitet, hat dabei sicher eher positive Assoziationen. Vor der Bewegung, die das Leben mit sich bringt, brauchen wir keine Angst zu haben. Alles fließt zwar, aber Gott bleibt derselbe. Er ist der Grund, der uns trägt. Auf ihn können wir in jeder Lebenslage vertrauen.

SEGEN

Der Herr segne deinen Sonntag,
er schenke dir Ruhe und Erholung.
Der Herr segne die Tage deiner Woche,
er sei dir Kraft und Quelle,
damit du stark bleibst
und frisch ins
Leben trittst.

Er segne dich mit der Lebendigkeit des Wassers,
damit du aufblühst und
anderen zur Quelle werden kannst.

Martina Liebhäuser-Haggenmüller

Martina Liebhäuser-Haggenmüller

Lebendiges Wasser

„Man sitzt insgesamt zu wenig am Meer!“ Recht haben sie, denke ich mir, als ich die Postkarte ganz in Meeresblau wiederentdecke. Das Meer muss noch warten, aber es ist Sommer und es ist Sonntag! Heute soll es am Nachmittag mit dem Fahrrad zu einem Badeweiher gehen. Wir alle sehnen uns nach Wasser, nach Meer oder See und auf jeden Fall nach Erfrischung. Wasser ist ein Lebenselixier und ein wahres Heilmittel. Jegliches Leben kommt aus dem Wasser. Unser Körper besteht zum Großteil daraus. Wasseranwendungen erfreuen sich großer Beliebtheit. Warum zieht uns das Wasser magisch an? In vielen Kulturen und Religionen symbolisiert das Wasser Reinigung und Heil. So ist es im Christentum bei der Taufe ein Lebensquell, der uns mit Gottes Kraft verbindet. Dankbar sagt der Psalmist: „Gott ist die Quelle lebendigen Wassers. Zu dir rufen wir, bei dir ist die Quelle des Lebens!“
Nicht jeder kann jetzt sofort ans Meer fahren, aber einen kleinen Weiher aufsuchen oder an einem klaren Bach spazieren gehen. Ich kann mein Weihwasser-Kesselchen auffüllen oder eine kleine Schale mit Wasser und kleinen Blüten auf den Tisch stellen. Ich möchte meinen Körper mit ausreichend Wasser versorgen und habe den Trend „Infused Water“ für mich entdeckt. In eine großen Glaskaraffe fülle ich kaltes Wasser und gebe frische Kräuter oder Früchte hinein. Das sieht nicht nur schön aus, sondern lädt ein, das köstliche Nass über den Tag hinweg zu genießen. Ich möchte heute danken mit den Worten aus der Bibel, die uns versprechen, dass wir uns so fühlen dürfen: „... wie ein Baum, der am Wasser gepflanzt, seine Wurzeln zum Bach hinstreckt. Denn obgleich die Hitze kommt, fürchtet er sich nicht, sondern seine Blätter bleiben grün.“

Peter Altenberg

Rückkehr vom Lande

Nun ist es wieder Herbst geworden, und die Grabenkioske füllen sich zur Abendzeit mit wohlgepflegten und gebräunten Damen. Man hätte so viel zu erzählen, und man schweigt! Man ist wieder in diesem Gefängnis „Großstadt". Man träumt von Licht und Luft und Wasser. Man war ein anderer, besser, menschlicher.

Nun geht man seinen Trab wie eh und je. Man fühlt sich altern, schwerfällig werden, klammert sich an dieses unglückselige Wort „Verpflichtungen"! Die Wohnung will nicht in Ordnung kommen, und die Dienstboten kündigen.

„Die gnädige Frau war am Land viel netter zu uns ..." Ja, das war sie.

Die Kellner in den Kiosken begrüßen alle Gäste wie Weltreisende, die vielfache Gefahren überstanden haben ... Nun nehmen sie Soda-Himbeer im sicheren Port!

Die Deklassierten, die nicht fort waren, mischen sich in die Menge der Zurückgekehrten, als ob nichts vorgefallen wäre ... Ja, sie haben sogar die naive Frechheit zu behaupten, Wien wäre am angenehmsten, wenn alles „auf den Ländern" weile ...

Damen mit den veredelten gebräunten Antlitzen, lasst euch nicht betrügen von dem Prunk der Großstadt! Erschauet in den Spiegeln eurer Gemächer einen Zug auf eurem Antlitz, den Licht und Luft und Wasser und Freiheit modelliert haben und der nicht da war ehedem und der verschwinden wird im Wintertrubel! Komödie hier, Komödie dort vielleich ... Doch unter freiem Himmel ist das Theater schöner!

MARIA RADZIWON

Schenke mir Augen

Gott, schenke mir Augen,
die offen sind für meinen Nächsten;
lass meine Ohren auch die leisen Töne hören,
die oft vom Lärm der Welt verdeckt werden;
lass mein Fühlen frei sein
von Vorurteilen und Berührungsängsten;
lass mein Handeln in Ehrfurcht
vor meinem Nächsten geschehen.
Gott, lass mich in allem,
wie ich bin, wo ich bin und wer ich bin,
deinen Segen spüren und weitergeben.

REISETIPP

KARLSKIRCHE IN WIEN

Als im Jahr 1713 in Wien zum siebzehnten Mal die Pest ausbrach, gelobte Kaiser Karl VI., eine Kirche zu Ehren des Pestheiligen Karl Borromäus zu bauen. Johann Bernhard Fischer von Erlach begann 1716 mit dem Bau, sein Sohn Joseph Emanuel führte die Arbeiten fort.
Die Fassade stellt eine beeindruckende Synthese unterschiedlicher Baustile dar. Barocke Symbolik veranschaulicht die Bedeutung und Größe des Herrschers. Eine Kuppel beherrscht den mächtigen Zentralbau. Zwei Säulen flankieren den strengen Portikus mit Giebelbekrönung, der an den Jupitertempel in Rom erinnert. Die Säulen erzählen die Vita des Kirchenpatrons. Im Inneren dominieren die Farben Gold, Weiß und Rotbraun. Himmelstrebend erscheint das Kuppelgewölbe mit dem Fresko der Verherrlichung des hl. Karl Borromäus. Im Stuckrelief des Hochaltars ist die Aufnahme des Kirchenpatrons in den Himmel zu sehen. Internet: https://karlskirche.eu/

Oktober

Di	1		Thérèse von Lisieux, Werner von Wilten, Emanuel von Cremona
Mi	2		Hll. Schutzengel, Petrus, Hermann u. Jakob von Neuzelle
Do	3	Tag d. Deutschen Einheit	Irmgard von Baindt, Ewald, Utto von Metten (Udo)
Fr	4		Franziskus von Assisi, Franz Xaver Seelos, Aurea von Paris
Sa	5		Meinolf von Böddeken, Maria Faustina Kowalska, Anna Schäffer
So	6	27. So. im Jk., Erntedank	Bruno der Kartäuser, Isaak und Jakob, Renatus von Sorrent (René)
Mo	7		U. L. Frau vom Rosenkranz (Rosa), Justina von Padua
Di	8		Gunther v. Regensburg, Demetrius v. Saloniki (Dimitri), Felix v. Como
Mi	9		Dionysius v. Paris, Abraham u. Sara, Johannes Leonardi, Gunther
Do	10		Gereon von Köln, Viktor von Xanten, Sybille von Gages
Fr	11		Johannes XXIII., Bruno I. von Köln, Jakob Griesinger
Sa	12		Maximilian vom Pongau, Edwin von Northumbrien, Jakob Rem
So	13	28. So. im Jahreskreis	Eduard der Bekenner, Simpert v. Augsburg, Alexandrina Maria da Costa
Mo	14		Kallistus I., Burkhard von Würzburg, Alan von Auxerre
Di	15		Teresa v. Ávila (von Jesus), Aurelia v. Regensburg, Willa v. Salzburg
Mi	16		Hedwig v. Schlesien, Margareta Maria Alacoque, Gerhard Majella
Do	17		Ignatius von Antiochien, Anselm von Wien, Contardo Ferrini
Fr	18		Evangelist Lukas, Petrus von Alcántara
Sa	19		Paul vom Kreuz, Jean de Brébeuf (Johannes), Isaak Joques
So	20	29. So. im Jahreskreis	Wendelin, Cornelius, Vitalis von Salzburg, Jakob Kern
Mo	21		Ursula von Köln, Antonia, Clementine, Celina (Céline)
Di	22		Johannes Paul II., Kordula, Ingbert, Salome von Galiläa
Mi	23		Johannes von Capestrano, Severin von Köln, Oda von Metz (Ute)
Do	24		Antonius Maria Claret, Evergislus von Köln, Aloisius Guanelle
Fr	25		Ludwig III. v. Arnstein, Margareta v. Roskilde, Tabita (Tabea), Daria
Sa	26	A: Nationalfeiertag	Amandus von Straßburg, Witta von Büraburg
So	27	30. So. im Jahreskreis	Wolfhard von Augsburg, Vinzenz, Sabina, Oran von Meath
Mo	28		Apostel Simon und Judas Thaddäus, Alfred der Große
Di	29		Margarete von Hohenfels, Ida von Leeuw, Ermelind von Meldert
Mi	30		Thöger von Thüringen (Dietger), Bernhard Schwentner, Marcellus
Do	31	Reformationstag	Wolfgang von Regensburg, Notburga von Köln, Jutta

Dankbar sein

ANKE SCHWARZE

Das ganze Dorf macht mit

Die Menschen im westfälischen Clarholz veranstalten jedes Jahr einen großen Erntedankumzug. Mit Blumenwagen und verkleidetem Fußvolk locken sie Tausende Zuschauer an.

Sogar das Polizeiauto trägt am Erntedanksonntag in Clarholz einen herbstlichen Blumenschmuck. Gelbe und orangefarbene Dahlien leuchten auf der blauen Motorhaube, Kornflechten stecken an den Seiten der Windschutzscheibe. „Bei uns macht eben das ganze Dorf mit", sagt Monika Jasper von der Wagenbau-Gruppe „Blume Blüh".

Clarholz ist ein 6200-Seelen-Dorf an der Grenze zwischen Ostwestfalen und dem Münsterland. Seinen Mittelpunkt bildet eine Klosteranlage aus dem 12. Jahrhundert mit einem baumbestandenen Kirchplatz und einer weitläufigen Gartenanlage. Es ist ein ruhiger Ort, in dem am Mittag des Erntedanksonntags nur wenige Spaziergänger unterwegs sind. Nicht einmal drei Stunden später sieht alles ganz anders aus. Auf den Bürgersteigen im Ortskern drängen sich die Menschen. Sie warten auf den Start des – laut Clarholzer Werbung – größten Erntedankumzugs Deutschlands. Er findet alljährlich am Erntedanktag statt, also dem ersten Sonntag nach dem Fest des heiligen Michael am 29. September.

Nach einem Hochamt in der katholischen und einem Gottesdienst in der evangelischen Kirche werden sie sich auf dem Marktplatz sammeln – fast 40 Wagen, zehn Musikkapellen und zehn Fußgruppen. Jedes Jahr denken sich die Teilnehmer andere Themen und Geschichten aus, zu denen sie ihre Wagen schmücken und ihr Fußvolk verkleiden. Und noch etwas ist jedes Jahr anders, allerdings ohne dass die Veranstalter darauf Einfluss nehmen könnten: das Wetter. Mitglieder der Ernte-

HERBSTZEIT

Schon die Kräuterweihe am 15. August ist als Ernteritus zu verstehen. Das Getreide ist dann weitgehend geerntet, jedoch noch nicht die Kartoffeln und das Obst. So wurde der 11. November das Ende des Herbstes, der frisch gekelterte Wein kam auf den Tisch, es begann die Winterzeit, in den Stuben wurde das Licht angezündet. Erntezeit ist Überfluss, den man in Festmählern genießt.
Die katholischen Gemeinden feiern Erntedank meist am ersten Sonntag im Oktober, die evangelischen Gemeinden zählen vom Michaelstag und wählen meist den Sonntag danach, d. h. das Erntedankfest kann damit noch im September begangen werden.

P. Eckhard Bieger SJ

gemeinschaft Clarholz weisen die anrollenden Traktoren – fast alles Oldtimer – mit ihren langen Anhängern ein. Dieser Verein organisiert seit 1951 den Umzug in Clarholz. Damals wollten ein paar Männer nach dem Zweiten Weltkrieg die Erntedanktradition wiederbeleben. Auch andere Vereine aus Clarholz und dem Nachbarort Sundern engagieren sich beim Wagenbauen oder beim Fußvolk – wie die Schlepperfreunde Sundern, der Geflügel-Zuchtverein oder der Pfarr-Cäcilienchor. Die dreieinhalb Kilometer lange Strecke führt rund durch das Dorf. Zweimal überquert der Zug die Bundesstraße und die Bahngleise. Ein paarmal stoppen Polizeibeamte an dieser Stelle die Einheiten und bitten die Schaulustigen zur Seite. Einmal muss eine andere Art von Zug passieren, die NordWestBahn nach Münster. Und für kurze Zeit dürfen ein paar Autos durchfahren, damit der Stau auf der B64 nicht zu lang wird. Die Autofahrer nehmen es meist gelassen. „Dafür habe ich Verständnis“, meint einer.
Wenige Minuten später schließt sich die Menge wieder, der Umzug geht weiter. Die Menschen lachen, als der Junggesellen-Wagen passiert. Auf einer Werbetrommel prangen die Bilder der angeblich noch verfügbaren Landwirte. Spontanen Applaus erhalten die Kindergruppen der Grundschule, verkleidet als Dohlen und Krähen oder als Köche und Gartenzwerge. Hier und da winkt ihnen jemand vom Rand her zu, Großeltern oder Freunde, die ein bekanntes Gesicht im Zug entdeckt haben.
Einige Ortsansässige haben sich Vorzugsplätze gesichert, wie eine Gruppe junger Leute, die sich auf der Dachterrasse eines Fachwerkhauses mit Tisch und Stühlen gemütlich eingerichtet hat. Ein Trödelhändler hat einen Schaukelstuhl aus seinem Geschäft geholt und beobachtet von seinem Bürgersteig aus das Treiben auf der gegenüberliegenden Straßenseite, die Augen mit den Händen gegen die Sonne abschirmend. „Die Zahl der Zuschauer hängt immer vom Wetter ab“, sagt eine Frau. „Aber wer einmal hier war, kommt in der Regel wieder.“

ELISA VOGGINGER

Weggefährten im Gebet: Franz und Klara von Assisi

Sie kamen aus wohlhabenden Familien und ließen jeden Besitz zurück, um sich ganz in die Nachfolge Jesu zu stellen: Franz und Klara von Assisi. Beide sind Weggefährten und inspirieren Menschen bis heute, ihrem Vorbild zu folgen. Nicht nur dass sie die Gründer bedeutender Orden wurden, sondern vor allem ihre Spiritualität der „Armut", ihre Faszination für den Mensch gewordenen Gott, der in einem armen Stall zu Welt kommt, ziehen an. Ebenso ihre Art zu beten begeistert: Bruder Sonne und Schwester Mond – in seinem berühmten Sonnengesang findet der heilige Franziskus beispielsweise anrührende Worte, die die Schönheit der Schöpfung und die Verbundenheit alles Geschaffenen ausdrücken. Und die heilige Klara spricht davon, das Leben Jesu wie in einem Spiegel anzuschauen und nachzuahmen: „In diesen Spiegel schau täglich und schau in ihm dein eigenes Gesicht."

Diese Gebete und Worte sind Zeugnisse tiefer Einheit mit Gott. Überhaupt waren große Heilige wie Klara und Franz von Assisi immer auch Betende. Und genau darin kann jede und jeder von uns sich mit ihnen verbinden und damit zu Weggefährtinnen werden – mit Klara und Franz und untereinander.
Der heilige Franziskus starb im Jahr 1226. Sein Gedenktag wird am 4. Oktober begangen. Die heilige Klara starb im Jahr 1253. Ihrer gedenkt die Kirche am 11. August.

Alle Gebilde der Schöpfung sind Kinder des einen Vaters und daher Brüder.

Franz von Assisi

Beten wir füreinander! Wenn wir so gegenseitig Liebe tragen, erfüllen wir das Gesetz Christi.

Klara von Assisi

MICHAELA TRIEB

Herbstzeitgelüste

Tanzende Bäume
Umkreisende Blätter
Düfte von Pilzen umsäumen

Im gehauchten Atem
Errötende Äpfel
Drachen ihren Höhenflug starten

Spinnweben schweben
Durch nasskühle Lüfte
Herbstzeitgelüste durchlebend

Tipp von Sr. Hedwig

HAGEBUTTEN

Ihre Wirkstoffe machen die Hagebutte zu einer wertvollen Heilpflanze, die in Erkältungszeiten auch vorbeugende Wirkung hat. Man bereitet sich dazu einen Tee aus zwei gehäuften Kaffeelöffeln der zerkleinerten, getrockneten Früchte, die man mit 1/4 Liter Wasser übergießt. Diese Mischung wird zum Sieden erhitzt und muss zehn Minuten kochen.
Hagebuttentee können Sie auch in der Thermoskanne auf Reisen mitnehmen. Seine Wirkung wird dadurch kaum geringer – wenn es nicht gerade Wochen dauert. Bei Fieber wirkt der Tee erfrischend, außerdem werden durch das Vitamin C die Abwehrkräfte des körpereigenen Immunsystems erhöht; immerhin enthalten Hagebutten fünfmal mehr von diesem Vitamin als die hochgelobten Zitronen. Interessant ist, dass der Vitaminanteil der Hagebutte durch das Kochen nicht verringert wird. Durch den Gehalt an Fruchtsäuren und Pektinen wirkt der Tee auch leicht abführend, was zur Ausscheidung von Giftstoffen beiträgt.

Madeleine Delbrêl

Madeleine Delbrêl kam vor 120 Jahren am 24. Oktober 1904 in Frankreich zur Welt. Die Familie zog 1916 nach Paris und mit fünfzehn war sie „strikt atheistisch“. Doch die Begegnung mit christlichen Kommilitonen und ihrem Freund, der sich von ihr trennte, um in einen Orden einzutreten, veränderten ihr Denken. Madeleine Delbrêl fasste den Entschluss, ein Leben nach den evangelischen Räten inmitten der Welt zu leben. Mit einigen gleich gesinnten Frauen gründete sie eine Gemeinschaft. Als Frau und Laiin hielt sie Vorträge vor den Seminaristen eines Priesterseminars, aus dem viele Arbeiterpriester hervorgingen. Auch zur Vorbereitung des Zweiten Vatikanischen Konzils zog man sie heran. Als Madeleine Delbrêl starb, war sie nur wenigen bekannt. Mittlerweile wurden ihre Schriften in acht Sprachen übersetzt.

Siegfried Lenz – 10. Todestag

Der bekannte deutsche Gegenwartsautor Siegfried Lenz kam 1926 in Lyck in Ostpreußen zur Welt. Nach dem Zweiten Weltkrieg fand er in Hamburg eine neue Heimat. Siegfried Lenz arbeitete zunächst als Journalist und nach der Veröffentlichung seines ersten Romans als freier Schriftsteller. Bekannt wurde er durch die 1955 erschienenen Kurzgeschichten „So zärtlich war Suleyken“, in denen er seiner masurischen Heimat und ihren Menschen ein literarisches Denkmal setzte. Sein Roman „Deutschstunde“ (1968) thematisiert die Verquickung von Pflichtbewusstsein und Schuld in der Zeit des Nationalsozialismus. Stark autobiographisch geprägt ist der 1978 erschienene Roman „Heimatmuseum“, der als Liebeserklärung an seine Heimat zu verstehen ist. Siegfried Lenz starb vor 10 Jahren am 7. Oktober 2014.

Gemeinsame Erklärung zur Rechtfertigungslehre

Am 31. Oktober 1999 – vor 25 Jahren – wurde in Augsburg die Gemeinsame Erklärung zur Rechtfertigungslehre zwischen der römisch-katholischen Kirche und den Kirchen des Lutherischen Weltbundes unterzeichnet. Wenngleich die unterschiedlichen Sichtweisen bestehen bleiben und der Erklärung (noch) nicht alle evangelischen Gliedkirchen beitreten, so stellt dieses Dokument dennoch einen großen Fortschritt „ökumenischer Übereinkunft“ dar. Mittlerweile erklärten der Weltrat methodistischer Kirchen (2016), die Weltgemeinschaft Reformierter Kirchen (2017) und die Anglikanische Gemeinschaft (2017) ihre Zustimmung zur Gemeinsamen Erklärung.

Küchentipps

REZEPT

Frühstücksvollkornpasta mit Tomaten, Ei und Salbei

ZUTATEN für 1 Person

- 100 g Vollkornnudeln
- 50 g getrocknete Tomaten in Öl
- 2 Eigelb
- 1 Knoblauchzehe
- 20 g geriebener Pecorino
- 2 Stängel frischer Salbei
- Salz, Pfeffer

ZUBEREITUNG

Nudeln in Salzwasser al dente kochen. Käse reiben, die Tomaten in Würfel schneiden. Tomatenöl in einer großen Pfanne erhitzen. Zerdrückte Knoblauchzehen mit den Tomaten 5 Min. anbraten und den Knoblauch herausnehmen. Eigelb, die Hälfte des Käses und gemahlenen Schwarzen Pfeffer in einem hohen Gefäß mit einer Gabel verquirlen. Nudeln abgießen, zurück in den heißen Topf geben und mit den gebratenen Tomaten vermischen. Dann die Eiermasse unterheben und mit Käse bestreuen.

Nudeln zum Frühstück?

Die Idee der Frühstückspasta rührt daher, dass man am Tag eine warme Mahlzeit und komplexe Kohlenhydrate schon morgens zu sich nehmen sollte. So kann der Korper noch den ganzen Tag davon zehren.

Vollkornnudeln

Durch den hohen Anteil an Ballaststoffen, der im Vollkornmehl steckt, machen Vollkornnudeln länger satt. Vollkornnudeln haben ein hell- bis mittelbraune Farbe und sind etwas dunkler als herkömmliche Nudeln. Vollkornnudeln enthalten viele für den menschlichen Körper lebensnotwendige Vitamine und Mineralstoffe und machen diese für die Ernährung besonders wertvoll.

SIEGFRIED LENZ

Hintergründe einer Hochzeit

In Bollerup, Nachbarn, gab es einen Bauern, der hieß Sven. Dieser Sven Feddersen, ein langarmiger Mann mit schleppenden Bewegungen, mit wäßrigen Augen und dem Hals eines ausgewachsenen Truthahns, war, solange man denken konnte, begehrt: Als Erbe eines ansehnlichen Hofes, Besitzer des Mischwaldes, Eigentümer von Wiesen, Wasserläufen und Feldern, auf denen regelmäßig Steinäxte gefunden wurden, schien es ihm an nichts zu mangeln – außer an einer Frau. Da gab es so manche, die sich ihm an die Seite dachte, womöglich in seine bedächtigen Arme; doch Sven entging allen Fallen, ließ sich in keinen Hinterhalt locken, beschied alle unmißverständlichen Aufforderungen gewissermaßen abschlägig. Man kann sich daher unser Erstaunen vorstellen, als er sich eines Tages, im Alter von siebenundfünfzig, verlobte. Seine Wahl war auf eine gewisse Elke Brummel gefallen, eine zarte, aber zähe Person, die beliebt war wegen ihrer Fähigkeit, Unterhaltungen wortlos zu bestreiten, alles Wesentliche durch Nicken zu sagen. Kaum war das bekannt, da erkundigte man sich nach dem Termin der Hochzeit, und Sven gab zu verstehen, daß die Hochzeit, seiner Meinung nach, im Herbst stattfinden werde, nach der Ernte. Da niemand an seiner Auskunft zweifelte, sah jedermann in seiner Verlobten bereits eine Elke Feddersen.

Seine Wahl war auf eine gewisse Elke Brummel gefallen, eine zarte, aber zähe Person, die beliebt war wegen ihrer Fähigkeit, Unterhaltungen wortlos zu bestreiten ...

Doch der Herbst kam und ging vorüber, ohne daß die Hochzeit stattgefunden hätte. Fragte man Sven, warum die Hochzeit ausgefallen war, so sagte er einfach, wegen des Todes eines Onkels, und dieser Grund wurde anerkannt.

Im darauffolgenden Jahr nun starb kein Onkel, und wer geglaubt hatte, dass die Hochzeit diesmal stattfinden würde, der sah sich getäuscht: Der Herbst kam und ging vorüber, und der Zustand, in dem sich beide befanden, war nach wie vor der von Verlobten. Man konnte beobachten, wie die beiden einander zufällig auf dem Hünengrab begegneten, auf dem Feld oder auf der Straße, man konnte zur Kenntnis nehmen, wie sie ein Weilchen miteinander schwiegen, mehr war ihren Begegnungen nicht zu entnehmen. Da verriet nichts, dass man sozusagen füreinander versprochen war; kein Zwinkern, kein Winken und erst recht kein Wort.

Nun ist es wirklich nicht allein die Geschichte, die mich zwingt, Herbst auf Herbst verstreichen, das Verlöbnis dauern zu lassen. Sven Feddersen verhielt sich einfach, als sei ihm seine Verlobung mit Elke Brummel entfallen, denn fünf-, sechs-, achtmal kam der Herbst, und eine Hochzeit fand nicht statt. Die Leute in Bollerup, sie waren schon der Meinung, daß Sven sein Leben als Verlobter beschließen wollte, und hier und da vergaß man sogar, daß er überhaupt verlobt war. Man behandelte ihn allmählich wieder wie einen Ledigen, und das Gleiche geschah mit Elke Brummel, die, zart, aber zäh, den Hof ihres Bruders zu beaufsichtigen half.

Plötzlich, nach neun ereignislosen Herbsten, geschah, was niemand mehr erwartet hatte: Sven Feddersen ließ einen Termin für seine Hochzeit bekanntgeben; ließ aber nicht nur den Termin bekanntgeben, sondern lud sogleich zweihundertvierzehn Personen, wovon einhundertachtundneunzig Feddersen hießen, in den Mühlenkrug, um mit ihnen die Hochzeit zu feiern. Da war Bollerup – nun, sagen wir mal, tief verblüfft; aus einer Spannung entlassen, seufzte man auf und beeilte sich, die geforderte Summe abzuzählen, denn obwohl eingeladen, mußte jeder, wie es in Bollerup üblich ist, die Rechnung selbst bezahlen.

Plötzlich, nach neun ereignislosen Herbsten, geschah, was niemand mehr erwartet hatte: Sven Feddersen ließ einen Termin für seine Hochzeit bekanntgeben ...

Die ländliche Hochzeit fiel auf einen Sonnabend, und nach der Trauung fand sich die Gesellschaft im Gasthaus ein, wo man sich an langen Tischen niederließ und zu Ehren des späten Hochzeitspaares folgendes aß: saure Heringe, gebratenen Aal, gebratene Seezungen, gebackenes Huhn, geschmorte Koteletts, panierten Speck, ein Stück vom Hasen, Wurstplatten, Platten mit Schinken und kalter Schweineschulter, dazu Brot, Kartoffeln und Gemüse, danach Eis und Käseplatten. Hatte zunächst, während des Essens, noch hier und da jemand das Wort genommen, so entstand, erstaunlich und belastend, eine immer befremdlichere Stille, die jeder spürte, die jedem zusetzte, und mein Schwager will wissen, daß diese Stille nur deshalb entstand, weil jeder darüber grübelte, warum das Verlöbnis neun Jahre gedauert hatte. Insbesondere grübelte man deshalb darüber, weil das betagte Brautpaar, alles in allem, einen ausgeglichenen, zufriedenen Eindruck machte, sich aufmerksam die Kartoffeln zuschob, mitunter auch nachdenklich zunickte; und dabei fragte man sich natürlich, warum man dies Bild nicht bereits vor neun Jahren hatte wahrnehmen und genießen können.

Der Druck der Stille wurde so groß, daß einige Feddersens es als Erlösung ansahen, als eine Kapelle aus Flensburg, die sich selbst »Die blauen Jungen« nannten, mit ihrer Tätigkeit begann. Sven und Elke tanzten zuerst, und dann tanzten die andern, und ich könnte jetzt beschreiben, wie der Tanz sich ausnahm im Verhältnis zur Musik, könnte auch erwähnen, was mit dem überflüssigen Essen geschah, doch das und so manches andere interessiert nur die Betroffenen.

Ich möchte nur zugestehen, was von überregionalem Interesse ist, und da wäre zu sagen, daß Sven Feddersen keine Einladung zum Schnaps ausschlug, an die neunzig Mal anstieß und sich deshalb kostenlos an neunzig Schnäpsen labte. Das hatte zur Folge, da er mitteilsam wurde, zuerst mit den Händen, die er hier und da fallen ließ, gegen Morgen auch mit dem Mund, und auf einmal, so berichtet mein Schwager, verschaffte sich jemand Luft, wollte sich gleich dazu Gewißheit verschaffen; und er ging – ich glaube, es war der Friseur, Hugo Feddersen – zum Bräutigam.

Stellte sich einfach vor ihn und fragte: „Warum, Sven Feddersen, hat deine Verlobung neun Jahre gedauert?“ Darauf soll Sven gezwinkert und dann gesagt haben: „Als mein Onkel starb, da hinterließ er mir einen ganzen Keller voll Johannisbeerwein. Es gibt nichts, was ich so gern trinke wie dieses Zeugs. Nachdem ich die erste Flasche probiert hatte, sagte ich mir: heiraten kannst du, wenn der Keller leer ist; denn so ein Tröpfchen, das trinkt man besser allein.“

REISETIPP

SCHLOSS GLÜCKSBURG

Nicht weit entfernt von der Flensburger Förde liegt Schloss Glücksburg. Aus einem kleinen Binnensee erhebt sich der leuchtend weiße Renaissancebau. Vier Achtecktürme an den Ecken prägen den sonst schmucklosen Bau. Zisterzienser hatten hier 1209 das Kloster Rüde angelegt und die sumpfige Niederung kultiviert. Nach der Reformation ließ Herzog Johann der Jüngere von Schleswig-Holstein-Sonderborg ab 1582 auf dem Klostergelände ein Wasserschloss errichten. In der Schlosskapelle blieb die originale Gewölbeausmalung erhalten. Die heutige Ausstattung stammt aus dem Barock. Bauteile eines älteren Schnitzaltars bezieht der Kanzelaltar (1717) mit ein, der sich in die hufeisenförmige Logenanlage einfügt.
Internet: https://www.schloss-gluecksburg.de/

FRANZ VON ASSISI

Gelobt seist du

Gelobt seist du, mein Herr,
mit allen deinen Geschöpfen,
besonders dem Herrn Bruder Sonne,
der uns den Tag schenkt
und durch den du uns leuchtest.
Und schön ist er und strahlend in großem Glanz:
von dir, Höchster, ein Sinnbild.

Gelobt seist du, mein Herr,
für Schwester Mond und die Sterne.
Am Himmel hast du sie geformt,
klar und kostbar und schön.

Lobt und preist meinen Herrn
und dankt und dient ihm mit großer Demut.

Aus dem Sonnengesang

November

Fr	1	Allerheiligen	Harald IV., Arthur O'Nelly, Luitpold von Lautbrunn
Sa	2	Allerseelen	Angela von Stolberg, Justus von Triest, Margareta von Lothringen
So	3	31. So. im Jahreskreis	Hubert von Lüttich, Rupert Mayer, Silvia, Martin von Porres
Mo	4		Karl Borromäus, Gregor von Burtscheid, Reinhard von Siegburg
Di	5		Bernhard Lichtenberg, Emmerich v. Ungarn (Heinrich), Berthild v. Celles
Mi	6		Leonhard von Noblat, Rudolf von Büren, Christine von Stommeln
Do	7		Ernst von Neresheim, Engelbert I. von Köln, Karina von Angora
Fr	8		Gregor v. Einsiedeln, Gottfried v. Amiens, Johannes Duns Skotus
Sa	9		Roland von Hasnon, Theodor von Euchaïta, Elisabeth von Dijon
So	10	32. So. im Jahreskreis	Leo I. der Große, Justus von Rochester, Johannes Skotus
Mo	11	Martinstag	Martin von Tours, Menas, Heinrich von Heisterbach
Di	12		Josaphat Kunzewitsch, Renatus v. Angers (René), Ämilian v. Cogolla
Mi	13		Stanislaus Kostka, Carl Lampert, Wilhelm von Niederaltaich
Do	14		Alberich von Utrecht, Bernhard Letterhaus, Maria Merkert
Fr	15		Albert d. Große, Marinus, Leopold III. d. Fromme, Magdalena Morano
Sa	16		Margareta v. Schottland, Otmar v. St. Gallen, Walter v. Dornberg
So	17	33. So. im Jahreskreis, Volkstrauertag	Gertrud von Helfta, Hilda von Whitby, Viktoria von Córdoba
Mo	18		Odo v. Cluny (Otto), Philippine Rose Duchesne, Romanus v. Cäsarea
Di	19		Elisabeth v. Thüringen, Mechthild v. Hackeborn, David v. Augsburg
Mi	20	Buß- und Bettag	Bernward v. Hildesheim, Edmund v. Ostanglien, Korbinian v. Freising
Do	21		U. L. Frau in Jerusalem, Johannes von Meißen, Rufus von Rom
Fr	22		Cäcilia, Salvator Lilli, Aleydis (Adelheid, Elke), Philemon v. Kolossä
Sa	23		Klemens I., Felicitas, Kolumban der Jüngere, Detlev von Parkentin
So	24	Christkönigssonntag	Albert I. von Lüttich, Andreas Dung-Lac, Flora, Augustin Schoeffler
Mo	25		Katharina v. Alexandrien, Niels Stensen, Egbert, Elisabeth v. Reute
Di	26		Konrad u. Gebhard II. v. Konstanz, Ida v. Köln, Adalbert v. Oberalteich
Mi	27		Oda v. Brabant (Ute), Bilhild v. Altmünster, Modestus v. Kärnten
Do	28		Berta von Bingen, Gunther von Melk, Rufus
Fr	29		Friedrich v. Regensburg, Jutta v. Heiligenthal, Jolanda v. Aywières
Sa	30		Apostel Andreas, Benjamin, Gerwald und Folkart (Volker)

Den Sonntag feiern

JÜRGEN WERTH

Wenn ich kaum noch beten kann

Nachts sind nicht nur alle Katzen grau, sondern oft auch alle Gedanken. Grau und schwarz und schwer. Die Sorgen um deine Familie liegen dir tonnenschwer auf der Seele. Die Sorgen um die Welt rauben dir den Schlaf. Du möchtest mit jemandem sprechen. Aber das kannst du hier jetzt nicht. Alle schlafen.

Wohl dir, wenn du beten kannst. Wenn du all das, was dich zu Boden drückt, vor dem Gott ausbreiten kannst, der niemals schläft. Der Prophet Jesaja beschreibt das einmal so: „Meine Seele verlangt nach dir in der Nacht, auch mein Geist in meinem Innern ist voll Sehnsucht nach dir" (Jesaja 26,9). Er hat es erfahren und seitdem ungezählte Menschen: Es tut gut, Gott zu suchen und mit ihm zu reden. Es tut gut, sein Herz bei ihm auszuschütten. Denn niemand versteht besser. Er ist ja nicht nur der Gott im Himmel. Er ist auch der Gott auf der Erde, der Gott in deinem Alltag. Und er kann helfen. Er kann eine Situation von einem Moment auf den anderen verändern. Oder er kann dir genug Kraft geben, die unveränderte Situation auszuhalten. Beten. Am Morgen, am Mittag, am Abend. Und nachts. Und damit eingestehen: Ich kann dieses Leben nicht allein bestehen. Ich bin zu klein angesichts der großen Herausforderungen, die auf mich warten. Bin zu schwach, um die Schwierigkeiten zu schultern, mit denen mich andere konfrontieren. Bin zu schlicht, um Antworten auf die vielen Fragen zu finden, die mir gestellt werden. Ich brauche Gott. Ich brauche seine Stärke und seine Weisheit. Ich brauche seine Nähe und seine Liebe.

Und er lässt sich bitten. Immer. Martin Luther sagt es so: „Dieweil er Gott ist, kann und weiß er, wie er es aufs Beste mit mir machen soll. Dieweil er Vater ist, wird er es auch tun."

ICH LIEGE, HERR, IN DEINER HUT

Ich liege, Herr, in deiner Hut
und schlafe ganz mit Frieden.
Dem, der in deinen Armen ruht,
ist wahre Rast beschieden.

Dein starker Arm ist ausgereckt,
dass Unheil mich verschone
und ich, was auch den Schlaf noch schreckt,
beschirmt und sicher wohne.

GL 99 / EG 486

Jochen Klepper

Und wenn ich nicht beten kann? Wenn mir das passende Wort fehlt – und vielleicht sogar der Glaube? Dann leihe ich mir Worte aus, die andere vor mir gedacht, geschrieben, gebetet haben. Einen Psalm. Oder eben diesen Text von Jochen Klepper. Vielleicht sollte ich ihn auswendig lernen, damit er inwendig zum Klingen kommt. Mir jeden Tag eine Strophe vornehmen, bis dieses Gebet in mir von selbst zu sprechen beginnt, wenn mir eigene Worte fehlen. Solche Gebete sind wie ein Sessellift, der uns tief unten im Nebelgrau der trüben, dunklen Gedanken und Gefühle mitnimmt ins himmlische Licht.
Mir hilft auch ein Handkreuz, das ich in schlaflosen Nächten gern fest umklammere. Ich spüre gleichsam, dass Gott mir durch den Gekreuzigten und Auferstandenen ganz nah ist. Nein, ich bin nicht allein, an keinem Tag, in keiner Nacht. Und ich will es glauben: Auch auf die dunkelste Nacht folgt ein neuer Morgen.
Und ich kann es vielleicht dann so sagen wie der Psalmist, dessen Gebet Jochen Klepper seinem Text vorangestellt hat: „Ich liege und schlafe ganz mit Frieden; denn allein du, Herr, hilfst mir, dass ich sicher wohne“ (Psalm 4,9).

MANFRED BECKER-HUBERTI

11.11. Wer teilt, gewinnt! – Sankt Martin

So wie die Fastnacht als letzter Tag vor der österlichen Fastenzeit zu einem Schwellenfest wurde, erging es auch dem Martinstag. Der 11. November war schon lange vor Martins Lebzeit ein bäuerlicher Feiertag, an dem ein zweites Erntedankfest gefeiert wurde, denn nun war die Ernte verarbeitet und der neue Wein trinkbar. Weil Martin von Tours an diesem Tag begraben wurde, wählte man diesen Tag zu seinem Gedenktag. *Faire la Saint Martin* oder *martiner* heißt im Französischen nicht ohne Grund „gut essen und trinken". Mit dem Schwellenfest an Martini ist ein Heischerecht für die Kinder verbunden, die dann betteln, schnörzen oder gripschen dürfen.

Geboren wurde Martin um 316/317 als Sohn eines römischen Offiziers. Pflichtgemäß selbst Soldat geworden, wird Martin Christ. Aus der Armee entlassen, lebt er als Einsiedler, Mönch und Klostergründer, bis er zum Bischof von Tours berufen wird. Martin erlangt Berühmtheit als Heidenmissionar und Wundertäter.

Der römische Vorname „Martinus" nimmt Bezug auf den Kriegsgott Mars. Seit dem Tod Martin von Tours ist Martin jedoch ein christlicher Vorname: Der Soldat des Kaisers war zum Soldat Christi geworden.

Martin gilt in der Westkirche als der erste heilige Nichtmärtyrer (lat. confessor = Bekenner). Er wurde Patron des christianisierten Frankenreichs. In der darstellenden Kunst wird Martin vor allem als Ritter (= Reiter) auf einem Schimmel dargestellt, seltener als Bischof mit einer strahlenden Hostie über dem Haupt oder als Bischof mit einer Gans.

JOACHIM RINGELNATZ

Herbst im Fluss

Der Strom trug das ins Wasser
gestreute
Laub der Bäume fort.
Ich dachte an alte Leute,
die auswandern ohne ein Klagewort.

Die Blätter treiben und trudeln,
gewendet von Winden und Strudeln
gefügig, und sinken dann still.

Wie jeder, der Großes erlebte,
als er an Größerem bebte,
schließlich tief ausruhen will.

Tipp von Sr. Hedwig

KÜRBISSE

Wer jetzt mit offenen Augen über den Wochenmarkt geht, dem fallen die Kürbisse auf. Es gibt sie in allen Formen und Farben. Aufgrund der idealen Klima- und Bodenverhältnisse gedeiht der Kürbis heute fast in jedem Garten. Jeder hat inzwischen seine Lieblingssorte entdeckt. Es gibt rund 160 Kürbisgewächse. Kaum ein Gemüse hat so eine Vielfalt an Farben und Formen wie der Kürbis.
Es lassen sich viele Gerichte aus ihm zaubern. Eine Kürbiscremesuppe schmeckt immer und geht ganz schnell: Den Speisekürbis zerkleinern, eventuell Schale entfernen und mit einer kleinen Zwiebel anrösten. Anschließend mit Gemüsebrühe und etwas Weißwein aufgießen und weich dünsten. Danach wird püriert und mit Salz, Pfeffer, Curry und Schlagsahne verfeinert. Wer mag, gibt einige Tropfen Kernöl und zerkleinerte Kürbiskerne über die fertige Suppe.

KALENDERBLATT

725. Todestag Mechthild von Hackeborn

Mechthild wurde 1241 als Tochter des Grafen und der Gräfin von Hackeborn bei Halberstadt geboren. Sie war eine leibliche Schwester der Äbtissin Gertrud und kam auf eigenen Wunsch schon im Alter von sieben Jahren in deren Kloster. Dort wurde sie später Lehrerin und Leiterin der Klosterschule sowie „cantrix“ im Chor. Wegen ihrer hervorragenden Stimme nannte man sie „Nachtigall Christi“. Sie war auch als Bibliothekarin, Schreibmeisterin und Sakristanin tätig. Ihre Visionen wurden u. a. von ihrer Freundin Gertrud von Helfta aufgeschrieben: „Das Buch der besonderen Gnade“. Nach langer Krankheit starb Mechthild von Hackeborn vor 725 Jahren am 19. November 1299 im Kloster Helfta.

1700 Jahre Weihe der Lateranbasilika in Rom

Die Lateranbasilika in Rom ist der erste offizielle Monumentalbau, der von Kaiser Konstantin nach dem Toleranzedikt von Mailand im Jahr 313 in Auftrag gegeben wurde. Der Name „Lateran“ kommt von dem altrömischen Geschlecht der Laterani, welche die ursprünglichen Eigentümer des Grundstücks waren. So entstand an diesem Ort zwischen 315 und 318 eine konstantinische fünfschiffige Säulenbasilika, die bis zum 15. Jahrhundert die offizielle Hauptkirche Roms und Sitz der Päpste war. Noch heute trägt sie den Titel „Omnium Urbis Et Orbis Ecclesiarum Mater Et Caput“ (Mutter und Haupt aller Kirchen der Stadt [Rom] und des Erdkreises), der an der Fassade zu lesen ist. Im 17. Jahrhundert barockisierte Francesco Borromini die Basilika. Geweiht wurde die Kirche vor 1700 Jahren am 9. November 324.

Carl Lampert

Carl Lampert, 1894 bei Feldkirch in Vorarlberg in Österreich geboren, empfing 1918 die Priesterweihe und wurde 1930 Provikar der Apostolischen Administration Innsbruck. Als Gegner des Nationalsozialismus und des „Anschlusses“ von Österreich wurde er mehrfach kurzzeitig in „Schutzhaft“ genommen und schließlich 1940 in das KZ Dachau eingeliefert. Er wurde nach einem Jahr entlassen unter der Bedingung, sich nur in dem Gebiet von Mecklenburg-Pommern aufzuhalten.
Seine neue Heimat und Wirkungsstätte wurde das Pfarrhaus von Stettin. Doch aufgrund einer Verleumdung durch einen Spitzel wurde er von hier zusammen mit dem Kaplan Herbert Simoleit und dem Oblatenpater Friedrich Lorenz verhaftet. In einem Schauprozess wurden die drei Priester zum Tode verurteilt und vor 80 Jahren am 13. November 1944 in Halle (Saale) hingerichtet.

Küchentipps

REZEPT

Bunte Gemüsenudeln

für 2 Personen

ZUTATEN

3 Karotten
2 Pastinaken
1 Zucchini
etwas Olivenöl
etwas Gemüsebrühe
4 EL Petersilie, fein gehackt
Kräutersalz

ZUBEREITUNG

Das Gemüse in feine lange Streifen schneiden und in einer Pfanne mit Olivenöl anschwitzen. Etwas Gemüsebrühe zugießen und kurz dünsten. Etwa 4 EL Olivenöl und Petersilie im Mixer homogen aufmixen. Gemüse im Kräuteröl durchschwenken und mit Kräutersalz abschmecken.

Pastinaken
Wie Topinambur oder Karotte ist auch die Pastinake ein Wurzelgemüse. Das jahrzehntelang fast vergessene kohlenhydratreiche Grundnahrungsmittel gibt es mittlerweile wieder öfter. Besonders für den winterlichen Speiseplan ist es wunderbar geeignet, da Pastinaken durch Frost milder und süßer werden. Außerdem enthalten sie Kalzium und die Vitamine C, K und B.

Multitalent Karotte
Karotten haben einen leicht süßlichen und nussigen Geschmack. Das Wurzelgemüse ist vielfältig einsetzbar. Roh kann man Karotten mit einem Joghurtdipp genießen. Fein geraspelt eignet sich das Gemüse für Salate mit Äpfeln und Walnüssen. Karotten lassen sich gut mit Zucchini, Schwarzwurzeln oder Pastinaken kombinieren. Möhrenpüree und Möhrenkroketten sind eine Alternative zur Kartoffel.

IMPULSE

STEPHANIE SCHWENKENBECHER

Sonntagsruhe

Carl Spitzweg zeichnete 1839 einen armen Poeten. Er liegt an ein riesiges Kissen gelehnt in seinem Bett, die Schlafhaube auf dem Kopf, helles Licht strömt zum Fenster herein, über ihm hängt ein aufgespannter Schirm an der Decke. Man sieht Bücher, eine Wäscheleine, einen Ofen. Es ist so beschaulich, dass die ärmliche Dachkammer zum Sehnsuchtsort wird. Einmal in aller Ruhe im Bett liegen bleiben, den Tag vertrödeln, in Seelenruhe, die Feder ins Tintenfässchen stecken und Worte suchen, an Versen feilen, die Hand zum Schreiben erhoben innehalten, den Blick leer in den Raum gerichtet, und diesen einen Ausdruck suchen, der den Moment fassen könnte.
Wahrscheinlich war überhaupt nichts idyllisch am Leben des armen Poeten. Aber er beschenkt uns mit einer Stimmung, die ich sehr sonntäglich finde, mit Ruhe und Konzentration, mit nichts Müssen – vor allem nicht gut aussehen –, mit Schöpferlust und viel sein lassen können. Meine allerliebsten Sonntage sind die, die ich verlesen kann, am besten den ganzen Tag. Ich muss nicht raus, auch nicht im schönsten Frühsommerwetter. Ich brauche ein gutes Buch und dann ist Ruhetag. Und wenn die Sonne kitzelt, werfe ich einen verschmitzten Blick auf den alten Spitzweg und rücke mein Kissen zurecht. Sonntag!

HÖR IN DEN KLANG DER STILLE

Hör in den Klang der Stille,
hör den süßen Ton,
heut ist unser Feiertag,
Sorgen fliehn davon.

Und Licht vertreibt das Dunkel,
spür den warmen Schein,
heut ist in uns Feiertag,
fang den Frieden ein.

Nun lächle nimmer müde,
fasse meine Hand,
heut ist in uns Feiertag,
Segen überm Land.

Lorenz Maierhofer

Stephanie Schwenkenbecher

Keinen Finger krumm machen

Es ist für uns Menschen gar nicht so einfach, nichts zu tun, denke ich, während ich mich mit dem Sabbat beschäftige und über die unzähligen Regelungen blättere, die es im Judentum dazu gibt. Der Sabbat soll im Grunde ein Ruhetag sein, die Feier der Schöpfung und ihre Vollendung – erst mit der Ruhe ist es endlich gut. Aber was ist, wenn die Kuh in eine Grube fällt? Oder der Nachbar verunglückt? Darf ich ihnen helfen? Darf ich die vorgekochte Suppe warm machen? Was ist Arbeit? Und was noch nicht? Vor allem orthodoxe Juden nehmen es mit der Ruhe am Sabbat sehr genau. Eine Freundin erzählte mir von ihren Jahren in Jerusalem, dass manche Fahrstühle eine Sabbat-Funktion haben, die es möglich macht, sie zu benutzen, ohne einen Schalter zu drücken. Es gibt endlose Debatten zu diesen Themen und es ist überaus aufschlussreich, sie zu lesen.
Ich glaube, das Judentum beschenkt uns mit dem Sabbat mit einer ganz wunderbaren Idee, nämlich dass es auch möglich ist, nichts zu tun. Und dass es von Zeit zu Zeit sinnvoll ist, nichts zu tun. Um sich zu erinnern an das, was war, und um sich zu erholen für das, was kommt. Erich Fromm schreibt über den Sabbat: „Der Sabbat ist die Vorwegnahme der messianischen Zeit nicht durch ein magisches Ritual, sondern durch praktisches Verhalten, das den Menschen in eine reale Situation der Harmonie und des Friedens versetzt. Die andere Lebenspraxis verändert den Menschen." Mit den Zehn Geboten haben wir uns den Ruhetag ebenfalls angeeignet. Aber es ist gar nicht so einfach, einen Tag mal wirklich nichts zu tun!

ADALBERT LUDWIG BALLING

Pater Pirmins Südafrikareise

Er war über viele Jahre Französischlehrer an einer Schweizer Mittelschule. Während einer Südafrikareise lernte er mehrere katholische Missionsstationen kennen. Nach einem Abendgottesdienst luden die Frauen der Pfarrei zum Essen ein: Es gab Reis mit Hühnchen. Pater Pirmins Eindrücke: „Wir aßen mit gutem Appetit. Dabei fiel mir auf, wie mehrere Kinder herumstanden und uns aufmerksam beim Essen zuschauten. Irgendwie störte mich das. Da erklärte mir der Missionar, die Kinder würden auf das warten, was wir übrig ließen – auf die Hühnerbeinchen! Das sei so üblich; und die guten Frauen bestünden darauf: Erst der Missionar, dann die hungrigen Kindermäuler! Und er fügte lächelnd hinzu: „Jetzt ist es unsere Ehrensache, an den Knöchelchen noch etwas dranzulassen; je mehr, desto besser für die Kinder!“

Bei einem anderen Mitbruder auf einer anderen Station, wo Pater Pirmin ebenfalls als Landsmann vorgestellt wurde, griff er nach der Messe in die Tasche und überließ den Kindern eine Tüte leckerer Schweizer Bonbons: „Ich kam mir zwar vor wie der gute Onkel aus Übersee, aber die Kleinen langten freudig zu und lutschten genüsslich.“ Doch dann fiel ihm auf, dass eines der Schulmädchen die erhaschten Bonbons sorgfältig in seine Westentasche steckte. Vom Missionar nach dem Grund gefragt, sagte es leicht verlegen: „Ich habe daheim noch kleinere Geschwister; mit ihnen will ich meine Bonbons teilen.“

Mechthild von Hackeborn

Gebet

Herr, du willst,
dass ich tätig sei.
Du hast gesagt:
Ohne mich könnt ihr nichts tun.
So bitte ich, dass mein Tun
wie ein Tropfen im Strom
vereinigt und vollendet sei
in deinem unendlichen,
vollkommenen Werk
Amen.

REISETIPP

KLOSTER ST. MARIEN IN HELFTA

Das Zisterzienserinnenkloster St. Maria in Helfta, einem Ortsteil von Lutherstadt Eisleben in Sachsen-Anhalt, war im Mittelalter bekannt als „Krone der deutschen Frauenklöster", berühmt durch die wissenschaftliche Bildung der Ordensfrauen und deren Christus-Mystik. Drei Frauen haben den Ruf von Helfta begründet: Mechthild von Magdeburg, Mechthild von Hackeborn und Gertrud von Helfta.
Das ursprünglich 1229 gegründete Kloster wurde 1258 nach Helfta verlegt. Im 13. Jahrhundert stand Helfta in höchster Blüte. In der Reformationszeit erfolgte die Aufhebung des Klosters. Im Jahr 1994 gelangte das Klostergelände mit Teilen historischer Bausubstanz wieder in kirchlichen Besitz und 1998 begann der Wiederaufbau von Helfta. Ein Jahr später zogen neun Zisterzienserinnen in die Abtei ein. An den Gebetszeiten des Konvents in der Klosterkirche können alle Besucher teilnehmen.
Internet: https://www.kloster-helfta.de/

Dezember

So	1	1. Adventssonntag	Charles de Foucauld, Natalie v. Nikomedien, Blanca (Bianca) v. Kastilien
Mo	2		Luzius von Chur, Bibiana von Rom, Jan (Johannes) von Ruysbroek
Di	3		Franz Xaver, Emma von Lesum, Gerlind von Elsass
Mi	4		Barbara, Adolph Kolping, Johannes von Damaskus
Do	5		Anno II. von Köln, Hartwig von Salzburg, Reginhard von Lüttich
Fr	6	Nikolaus	Nikolaus von Myra, Henrika Faßbender, Dionysia von Tunis, Zefanja
Sa	7		Ambrosius von Mailand, Gerald von Ostia, Sabinus von Spoleto
So	8	2. Adventssonntag	Elfriede, Edith und Sabina, Konstantin von Orval
Mo	9	Mariä Unbfl. Empfängnis	Juan Diego Cuauhtlatoatzin, Liborius Wagner, Valeria von Limoges
Di	10		Angelina v. Krusedol, Bruno v. Rommersdorf, Pierre Fourier (Petrus)
Mi	11		Damasus I., Arthur Bell, David von Himmerod, Tassilo III.
Do	12		Dietrich von Kremsmünster, Ida von Nivelles, Hartmann von Brixen
Fr	13		Luzia, Odilia (Ottilie), Jodok (Jobst, Jost), Benno Koglbauer
Sa	14		Johannes vom Kreuz, Franziska Schervier, Berthold von Regensburg
So	15	3. Adventssonntag	Christiane v. Georgien (Nina), Carlo Steeb, Virginia, Wunibald
Mo	16		Adelheid (Elke), Dietrich von Rommersdorf, Noach (Noah)
Di	17		Jolanda v. Marienthal, Wiwina v. Brüssel (Viviana), Sturmius v. Fulda
Mi	18		Philipp v. Ratzeburg, Desiderius v. Fontenelle, Wunibald v. Heidenheim
Do	19		Susanna, Benjamin, Konrad von Lichtenau, Petrus von Arolsen
Fr	20		Hoger v. Hamburg-Bremen (Holger), Regina Hueter, Dominikus v. Silos
Sa	21	Winteranfang	Micha, Hagar, Richard von Adwerth
So	22	4. Adventssonntag	Jutta von Sponheim, Marian der Schotte, Franziska Xaviera Cabrini
Mo	23		Johannes v. Krakau, Viktoria v. Rom, Dagobert II., Ivo v. Chartres
Di	24	Heiliger Abend	Adam und Eva, Adelbert, Hanno von Worms
Mi	25	Geburt d. Herrn, Weihnachten	Anastasia die Ältere, Eugenia von Rom
Do	26	2. Weihnachtstag, A: Stefanitag	Erzmärtyrer Stephanus, Richlind von Ormsheim
Fr	27		Apostel u. Evang. Johannes, Fabiola v. Rom, Rudger v. Verdun (Rüdiger)
Sa	28	Unschuldige Kinder	Hermann und Otto von Niederaltaich, Julius von Rom
So	29	Hl. Familie	Thomas Becket, Tamar(a), David, Isai (Jesse), Lothar I.
Mo	30		Richard von Arnsberg, Felix I., Germar von Fly
Di	31	Silvester	Silvester I., Melanie d. J., Apollonia Radermecher

Warten können

BISCHOF EM. JOACHIM WANKE

In Freude das Fest erwarten

Es gibt unterschiedliches Warten in meinem Leben: unangenehmes Warten beim Zahnarzt; ärgerliches Warten, wenn ein Zug sich verspätet hat; besorgtes Warten, wenn eine wichtige Nachricht sich verzögert.
Warten und Warten ist eben nicht dasselbe. Auf eine Prüfung wartet man anders als auf die Freundin, ein Gerichtsurteil erwartet man anders als das Herannahen des Weihnachtsfestes. Kann ich auch sagen: Christen warten anders als Nichtchristen?
Dass beide „Arten" von Menschen „warten": sich auf Zukunft beziehen, sich auf Künftiges ausstrecken – das ist wohl unbestritten. Jeder Mensch wartet auf etwas! Das unterscheidet uns vom Tier – wir leben stets aus einer Hoffnung, mag sie noch so klein sein. Die Frage ist nur, worauf wir warten dürfen. Auf „etwas" – oder auf „jemanden".
Die Jungfrauen im Gleichnis warten auf den Bräutigam. Sie warten auf die Hochzeit, das „Fest" – in der Sprache der Bibel eine Metapher für das Kommen Gottes am Ende aller Geschichte. Für mich definiert sich der tiefste Sinn des Lebens darin: ein zum Fest Eingeladener zu sein.
Warten wir noch in Freude auf das Fest, das Gott uns bereiten wird? Haben wir noch genügend Öl in unseren Lebenskrügen, damit uns das Licht der Hoffnung, die Freude der Erwartung nicht ausgeht? Es ist töricht zu meinen, das Einladungsbillett sei schon alles. Sicher, es mag schön gestaltet sein, vielleicht sogar goldumrandet.

ALLES HAT SEINE ZEIT – ADVENTSSONNTAGE

So wie jemand, der über eine Hürde springen will, dazu einen Anlauf braucht, brauchen Feste, die man feiern will, eine Vorbereitungszeit. Seit dem Konzil von Trient (1545–63) beträgt diese Vorbereitungszeit auf Weihnachten vier Wochen.
Die Adventssonntage werden durchnummeriert: 1., 2., 3. und 4. Advent. Generell heißen sie auch lateinisch Dominica adventus domini, Dominica in adventu (domini). Nach dem Anfangstext des Introitus *Gaudete in Domino semper* wird der 3. Adventssonntag auch „Gaudete" genannt. Dieser Tag ist schon ganz auf die kommende Freude der Geburt Christi ausgerichtet.

Manfred Becker-Huberti

Das Entscheidende aber ist doch: Eine Einladung verheißt etwas! Sie stellt etwas Größeres in Aussicht! Sie will Vor-Freude erwecken, Sehnsucht, Erwartung – nicht satte Zufriedenheit. Ist uns das hier auf Erden geschenkte Leben noch eine Verheißung? Ist für uns unsere Taufe auf den Namen Christi noch eine „Einladung" zu einem wichtigeren und größeren Leben?
Jesus selbst, ER in Person ist der Einladende und die Einladung. ER ist nicht nur vor über 2000 Jahren gekommen, sondern er kommt jetzt, hier und heute – vielleicht wird es für dich oder mich im kommenden Jahr heißen: „Der Bräutigam kommt! Geht ihm entgegen!"
Es ist wichtig, das Öl der Erwartung nicht ausgehen zu lassen. Es ist wichtig, das Licht im Herzen brennen zu lassen.
„Ja, Herr, dich habe ich erwartet – hol mich hinein in deine Freude!"

MANFRED BECKER-HUBERTI

Rorate-Messen

„Rorate, caeli, desuper, et nubes pluant justum" – diese Worte aus dem Buch Jesaja übersetzt ein bekanntes Lied: „Tauet, Himmel, den Gerechten, Wolken, regnet ihn herab!" So beginnt das Eingangsgebet der sogenannten Rorate-Messe, einer Votivmesse zu Ehren der Gottesmutter im Advent. Vor allem in den Alpenländern war dieser Gottesdienst auch unter dem Begriff „Engelamt" bekannt und beliebt. Rorate-Messen wurden meist auf Jahre „vorausbestellt" und am frühen Morgen vor dem ausgesetzten Allerheiligsten gefeiert. Der Kirchenraum wurde nur durch Kerzen erhellt. Mit besonderer Feierlichkeit beging man das Rorate-Amt am Quatember-Mittwoch der Adventszeit, man feierte die sogenannte Goldene Messe. Die Bedeutung dieser Messe strahlte so sehr aus, dass die Rorate-Messen in manchen Gegenden allgemein „gulden mehs" hießen. Die ausgeprägte Lichtsymbolik verweist auf Christus. Der Volksglaube schrieb den Rorate-Messen besondere Wirksamkeit zu: für die Familie, die Lebenden, die Toten, aber auch für das Vieh, Haus und Hof. Fruchtbarkeit im kommenden Jahr sollte durch die würdigen Gottesdienste erwirkt werden. Bis zur Liturgiereform wurde die Rorate-Messe mancherorts vom 17. bis 24. Dezember täglich gefeiert. Heute sind diese besonderen Eucharistiefeiern nur noch an den Werktagen des Advents bis einschließlich 16. Dezember gestattet. Die Advent-Erwartung der Menschwerdung Christi und die Erwartung der Wiederkunft Christi verbinden sich darin miteinander.

Tipp von Sr. Hedwig

ESSKASTANIEN

Überall an den Straßenecken, auf den Christkindl- und Adventmärkten findet man jetzt wieder die Maronibrater. Eine Tüte mit diesen Früchten ersetzt fast ein kleines Mittagessen. Maroni sind gesund. Ihr Fettgehalt ist beispielsweise viel niedriger als bei Nüssen. Bedeutsam ist auch der hohe Eisengehalt dieser nussartigen Frucht.
Maroni sind regelrechte Schönheitshelfer. Mit ihrem hohen Anteil an Vitamin E helfen sie mit, Alterungsprozesse zu verlangsamen. Ein idealer Helfer gegen trockene Haut! Das enthaltene B2- Vitamin hilft außerdem, Rissen in den Mundwinkeln vorzubeugen.
Pantothensäure hält fit und agil und wirkt der herbstlichen Ermüdung entgegen. Dazu haben Maroni einen Basenüberschuss und wirken aus diesem Grund gut bei übersäuertem Magen. Vitamin B wirkt beruhigend auf das Nervensystem. Ein kleiner Tipp: ein paar Maroni vor dem Schlafengehen genossen, und die Einschlafprobleme sind nur noch halb so groß.

REGINA FRANZISKA FISCHER

ADVENIRE

Lichter werden in der
Zeit der Erwartung
Lichter anzünden
in den Herzen der Mitmenschen

Licht um Licht
in der Finsternis der Nacht
erwächst zu einer Lichterkette
zwischen Himmel und Erde

Erwartung ... Vollendung
Entgegen kommt ER dir schon!

Hape Kerkeling

Nicht nur als Entertainer und Moderator ist Hape Kerkeling bekannt, sondern auch als Autor. In seinem Buch „Ich bin dann mal weg" beschreibt er seine Pilgerreise auf dem Jakobsweg im Jahr 2001. Das Buch schaffte es sofort in die deutschen Bestsellerlisten.
Was hat den Schauspieler dazu bewogen, mit einem 11 Kilo schweren Rucksack in sechs Wochen durch Frankreich und Spanien nach Santiago de Compostela zu pilgern? „Es ging mir um die spirituelle Herausforderung. Nach dem Göttlichen bin ich schon lange auf der Suche. Als mir dann nach einer Gallenoperation und einem Hörsturz klar wurde, dass ich in so etwas wie einer Lebenskrise stecke, wollte ich meine Zweifel in einer Auszeit ins Reine bringen, um ganz banal zu mir und zu Gott zu finden."
Am 9. Dezember feiert Hape Kerkeling seinen 60. Geburtstag.

Martin Rinckart

Martin Rinckart, der Dichter des bekannten Kirchenliedes „Nun danket alle Gott", kam 1586 in Eilenburg im Kurfürstentum Sachsen zur Welt. Der Sohn eines Böttchermeisters besuchte ab 1601 die Thomasschule in Leipzig, sang im Thomanerchor und studierte an der Leipziger Universität Theologie und Philosophie. Im Jahr 1610 ging er als Kantor und Lehrer nach Eisleben und heiratete Christiane Morgenstern. Ein Ruf aus seiner Heimatstadt Eilenburg erreichte ihn 1617 und so wechselte er als Pfarrer an die Nikolaikirche. Hier wirkte er in der entbehrungsreichen, von Hunger und Pest geprägten Zeit des Dreißigjährigen Krieges. Im Jahr 1639 rettete er Eilenburg vor Plünderung und Brandschatzung durch das schwedische Heer.
Seine zahlreichen Schriften und Lieder sind meist in Vergessenheit geraten. Doch sein erstmals 1636 in Leipzig veröffentlichter Choral „Nun danket alle Gott" blieb bis heute lebendig und ist sowohl im Evangelischen Gesangbuch als auch im Gotteslob und in Gesangbüchern der Freikirchen vertreten. Übersetzt wurde der Liedtext ins Dänische, Niederländische und Englische. Von den Türmen der Nikolaikirche in Eilenburg und der Deutschen Kirche in Stockholm erklingt die Melodie des Chorals jeden Tag vor dem Abend- bzw. nach dem Mittagsläuten. Martin Rinckart starb vor 375 Jahren am 8. Dezember 1649 in seiner Heimatstadt.

Nun danket alle Gott / mit Herzen, Mund und Händen, /
der große Dinge tut / an uns und allen Enden, /
der uns von Mutterleib / und Kindesbeinen an /
unzählig viel zu gut / bis hierher hat getan.

Martin Rinckart

REZEPT

Luciabrötchen

für 4–6 Personen

ZUTATEN

1 kg Mehl
1 TL Salz
Zitronenschale
100 g Zucker
1 Würfel Hefe
½ l Milch
100 g Butter
2 Eier
evtl. Hagelzucker, Rosinen, Körner, Mohn …

ZUBEREITUNG

Mehl, Salz, Zitronenschale und Zucker vermischen. Hefe in eine Tasse bröseln, mit etwas warmem Wasser zu einem Brei vermischen, Milch und geschmolzene Butter dazugeben. In die Mehlmischung gießen, ein Ei dazugeben und alles gut kneten. Mindestens eine Stunde ruhen lassen. Teig in kleine Stücke teilen, daraus Zöpfe, Zauberstäbe, Schnecken u. a. formen. Möglichst wenig Mehl auf der Arbeitsfläche verwenden. Die ausgeformten Gebäckstücke mit Ei bestreichen und ggf. mit Körnern, Rosinen o. Ä. verzieren. Bei 175 °C ca. 20 Minuten backen.

Küchentipps

Zitrone im Geschirrspüler

Zitronenschalen sorgen für guten Geruch im Geschirrspüler. Einfach ein paar Schalen von Bio-Zitronen in den Besteckkorb legen und los geht's. Danach riecht es in der Spülmaschine wieder frisch und den Klarspüler kann man sich auch sparen.

Zitronenschale eingefroren

Die Schale der Zitrone enthält mehr Vitamine als der Saft. Will man auch die Schale der Bio-Zitronen nutzen, schneidet man die Früchte in Spalten und friert sie samt Saft in einer Eiswürfelform ein. So lässt sich die Schale einfach reiben und für Suppen, Desserts oder Getränke verwenden.

MANFRED BECKER-HUBERTI

Warten lernen

„Abwarten und Tee trinken" hieß es früher. Warten erscheint auch heute den meisten Menschen unzumutbar, weil alles schnell gehen soll, denn „Zeit ist Geld". Die Regeln der Wirtschaft werden auf das menschliche Leben übertragen. Niemand will warten.

Der Advent lehrt dagegen das Warten. Es ist nicht eine lästige Pflicht, die mit bösartiger Absicht auferlegt wird, sondern sie zeigt die Haltung des Menschen, der sich Gottes Handeln unterwirft. Gott hat sein Kommen zugesagt. Das „Wann" blieb offen. Der Advent spiegelt eben jene Phase des hoffnungsvollen Wartens wider. „Wann kommt er nun endlich?" war die Grundhaltung, die Sehnsucht nach der Erlösung.

Das sehnsuchtsvolle Warten zeigt sich in Buße, Gebet und Fasten. Das Kommen des Herrn wird durch ein Fest begangen. Das Fastenbrechen nach der Fastenzeit hat im Englischen in der alltäglichen Routine des Frühstücks seinen Namen hinterlassen: Breakfast heißt das morgendliche Ritual.

Warten muss man lernen, weil jeder Mensch von Natur aus alles sofort haben will. Warten akzeptiert die vorgegebene Ordnung der Ereignisse durch andere, die Dominanz bestimmter Handelnder. Warten können und warten wollen sind deshalb kulturelle Errungenschaften, die zum menschlichen Zusammenleben gehören. Warten als Vorbereitung auf ein Ereignis hat im Christentum Tradition.

Wer wartet, wartet nicht nur auf andere und anderes. Wer wartet, kann auch zu sich selbst finden. Wer in sich selbst ruht, gewinnt wieder Kraft für neues Tun.

WARTEN KÖNNEN

Advent feiern
heißt warten können.
Warten ist eine Kunst,
die unsere ungeduldige Zeit
vergessen hat.

Dietrich Bonhoeffer

BRIGITTE GOSSMANN

Wach auf, meine Seele, damit ich zum Leben erwache

In der Vorweihnachtszeit gibt es viel zu tun. Vielleicht machen wir uns Sorgen, ob wir alles pünktlich zum Weihnachtsfest erledigen können. Wir sorgen uns auch um die Gesundheit, nicht nur um unsere, sondern auch um die aller Menschen um uns. Sorgen gibt es ungezählte auf der Welt. Manche Sorgen lassen uns nicht schlafen und wir fühlen uns am nächsten Morgen wie geradert. Der adventliche Aufruf „Wachet auf!" will uns nicht aus dem körperlichen Schlaf reißen, vielmehr aus der Verschlafenheit unseres Bewusstseins, als Kinder Gottes bereits erlöst zu sein. Gott sorgt sich um uns. Er freut sich, wenn er uns findet. Gott zeigt großen Einsatz, damit wir nicht verloren sind.
Das lateinische Wort für Zukunft „futurum" meint die Zukunft, die wir selbst planen und gestalten. Der lateinische Begriff „adventus" (Advent) bezeichnet die Zukunft, die auf uns zukommt. Zwei Bedeutungen für ein Wort: Zukunft! Gott kommt auf mich zu als Kind in der Krippe, als Erlöser, als Retter, als Hirte, als Gekreuzigter und Auferstandener. Mit ihm bekommt der aufgeweckte Mensch Zukunft. Ein verheißungsvoller Weg liegt vor uns, wenn unser Blick nach vorn gerichtet ist.

HERMANN MULTHAUPT

Das gestohlene Jesuskind

Die Aufregung war nicht zu überbieten, als Küster Kohus festgestellt hatte, dass das Jesuskind aus der Weihnachtskrippe verschwunden war. Gestern, gegen 17 Uhr, am Vortag des Heiligen Abends, hatte er es eigenhändig auf Heu und Stroh gebettet, nachdem der Stall von Betlehem an seinem gewohnten Standort aufgestellt worden war und Maria und Josef sowie die Hirten mit ihren Schafen ihren angestammten Platz eingenommen hatten. Als Erstes unterrichtete Küster Kohus nach Entdeckung des Diebstahls seinen Pfarrer. „Nun erzählen Sie noch einmal in Ruhe, was sich ereignet hat“, forderte Pfarrer Neumann den Besucher auf, nachdem er ihm im Pfarrbüro einen Stuhl angeboten hatte.

„Da ist nicht viel zu berichten“, erklärte der aufgeregte Küster. „Nachdem ich heute Morgen gegen 9 Uhr die Kirche aufgeschlossen hatte, habe ich mich einigen Arbeiten in der Sakristei gewidmet. Erst später, kurz vor Mittag, als ich mich vergewissern wollte, ob der kleine Wasserlauf, der am Stall von Betlehem vorüberführt, auch wirklich funktioniert, fiel mir der Diebstahl auf.“

„Also muss jemand zwischen neun Uhr und dem Angelusläuten in das Gotteshaus gekommen sein und das Jesuskind mitgenommen haben“, stellte Pfarrer Neumann fest. Der Küster bejahte. „Aber wer tut denn so was, Herr Pfarrer?“, entrüstete sich Herr Kohus. „Wir haben doch keine historische Krippe, sodass die Figuren Sammelwert besäßen.“ „Nein, weiß Gott nicht. Es sind Gipsfiguren, und die sind nicht einmal gut gelungen. Ich hätte dem Pfarrgemeinderat schon längst die Anschaffung einer neuen Krippe vorgeschlagen, wenn unser Haushaltsbudget den Kauf rechtfertigen würde. Doch die Schlüsselzuweisungen fallen ja immer ärmlicher aus.“

„Also muss jemand zwischen neun Uhr und dem Angelusläuten in das Gotteshaus gekommen sein und das Jesuskind mitgenommen haben“, stellte Pfarrer Neumann fest.

„Für die älteren Menschen in unserer Gemeinde haben die Gipsfiguren aber durchaus einen Erinnerungswert“, verteidigte Küster Kohus die Krippe. „Sie kennen sie seit Kindertagen und sind gleichsam mit ihnen groß geworden.“

„Ja, ja, das mag ja alles stimmen. Doch jetzt hilft uns das nicht weiter“, wandte Pfarrer Neumann ein. „Jetzt geht es darum, dass wir den Kindergottesdienst mit dem Krippenspiel um 17 Uhr retten.

Eine Krippe ohne Jesuskind – unvorstellbar."

Der Stuhl, auf dem Küster Kohus saß, wurde heiß. Er wandte sich unruhig hin und her. „Es hat wohl auch keinen Sinn, wenn wir in der Nachbargemeinde um Hilfe nachsuchen. Heute ist das Christkind unentbehrlich."

Pfarrer Neumann nickte. Plötzlich hellten sich die Gesichtszüge von Küster Kohus auf. „Wie wäre es, Herr Pfarrer, wenn wir eine Puppe meiner Enkelin Nicole entsprechend dekorieren und als Ersatzjesuskind in die Krippe legen würden?"

Doch von dem Vorschlag wollte der Pfarrer nichts wissen. Das sei ein Stilbruch, meinte er. Gips bleibe Gips und eine Plastikpuppe werde schwerlich ein Christkind.

Wenn das Jesuskind in der Krippe fehle, erübrige sich alle Abstimmung, dann fiele das Krippenspiel aus und man müsse einen Notfahrplan organisieren.

Die Gemeindereferentin schob ihren Kopf durch die Tür. Sie wollte mit dem Geistlichen noch einige Texte abstimmen, doch Pfarrer Neumann bedeutete ihr, dafür sei jetzt keine Zeit. Wenn das Jesuskind in der Krippe fehle, erübrige sich alle Abstimmung, dann fiele das Krippenspiel aus und man müsse einen Notfahrplan organisieren.

„Es sollen wieder Rumänen in der Stadt sein", sagte die Gemeindereferentin, nachdem sie ihren Schreck über die Nachricht verwunden hatte. „Die klauen doch wie die Raben."

„Vorsicht, Vorsicht, Frau Bienek!" Der Pfarrer hob warnend den Zeigefinger. „Keine Vorverurteilungen. Wir wollen und dürfen niemanden verdächtigen."

„Dann sollten wir die Polizei einschalten", forderte der Küster. „Irgendetwas müssen wir doch unternehmen."

Die Gemeindereferentin stimmte zu.

„Wegen eines gestohlenen Christkindes wird die Polizei kaum in Erscheinung treten. Da müsste schon ein voller Opferstock geklaut worden sein", stellte Pfarrer Neumann fest.

„Geld ist eben doch der Maßstab aller Dinge", seufzte Gemeindereferentin Bienek.

Doch dann schlug sie vor, in die Kirche hinüberzugehen und sich persönlich ein Bild von der Freveltat zu machen. Als die drei das Gotteshaus betreten hatten und vor der Krippe standen, staunten sie nicht schlecht. Das Jesuskind lag an seinem Platz, umgeben von Mutter Maria und dem Nährvater Josef und in geziemendem Abstand standen die Hirten

mit ihren Schafen. Das Bächlein rieselte in seinem Bett aus feinen Kieselsteinen durch die Mooswiesen vor dem Stall und sein Plätschern hörte sich allerliebst an.

„Wie muss ich nun das verstehen?", rief der Pfarrer und schüttelte den Kopf. „Herr Kohus, fehlte das Jesuskind heute Morgen denn tatsächlich in der Krippe?"

„Ich habe doch Augen im Kopf, Herr Pfarrer. Natürlich fehlte es! Meine Hand darauf!"

„Aber Zeugen haben Sie nicht, oder?"

„Nein", knurrte der Küster, „aber ich gebe Ihnen mein Ehrenwort. Die Krippe war leer!"

Die Gemeindereferentin wollte gerade „Viel Lärm um nichts" sagen, da entdeckte sie den Zettel. Er lag am Krippenrand, wo der kleine Holzzaun als Begrenzung des heiligen Bezirks dient, und war mit einem der Kieselsteine beschwert. Frau Bienek zog das Schriftstück hervor und las: „Entschuldigung, dass ich das Jesuskind für zwei Stunden entführt habe. Meine Großmutter hat sich gefreut wie ein kleines Kind unter dem Weihnachtsbaum. Einmal wollte sie das Jesuskind aus der Kirchenkrippe noch sehen. Vor 45 Jahren hat sie es bei einem Krippenspiel an seinen Platz getragen. Großmutter liegt seit zehn Jahren krank im Bett und wird bald sterben. Ich habe ihr ihren letzten Wunsch erfüllt. Es tut mir leid, wenn ich dadurch Unannehmlichkeiten bereitet habe. Verzeihung, D."

PAPST JOHANNES XXIII.

Gebet eines armen Hirten

Komm, Jesus, ich warte auf dich.

Ich bin nur ein armer Hirte,
habe nichts als einen elenden Stall,
eine Krippe, ein wenig Stroh.

Ich biete dir alles an.
Wenn du doch diese Hütte
annehmen wolltest.

Sieh, hier ist mein Herz!
Mein Herz ist arm.
Das Stroh meiner vielen
Unvollkommenheiten
wird dich stechen.

Aber es ist alles, was ich habe.

Herr, schmücke mein Herz
mit deiner Gegenwart.
Verwandle es in eine Wohnung
für dich.

REISETIPP

MARIA SAAL

Heute thront im kärntischen Maria Saal das Gnadenbild, eine um 1420 geschaffene Madonna, in der Mitte des Hochaltars. Die Legende berichtet, dass bereits um das Jahr 1000 ein Gnadenbild nach Maria Saal kam. Adalbert von Prag brachte die Madonna aus Italien mit. Der Vorgängerbau aus dem 8. Jahrhundert machte Maria Saal zum geistigen Zentrum der Region. 1669 zerstörte ein Feuer dieses Gotteshaus fast vollständig; die neue Kirche entstand in ihrer heutigen spätgotischen Form. Bekannt wurde die Kirche auch wegen ihrer Glocke „Maria Saalerin" aus dem Jahr 1687, mit einem Gewicht von 6600 kg und einem Durchmesser von 2,22 m die größte Glocke Kärntens.
Jährlich finden mehrere traditionelle Wallfahrten statt, so z. B. die Bauernwallfahrt im Juni, die „Rossmesse" mit Pferdesegnungen am Stefanitag (26. Dezember) oder die Kräutersegnung zu Mariä Himmelfahrt.
Internet: https://www.kath-kirche-kaernten.at/pfarren/pfarre/C3060

INHALTSVERZEICHNIS

QUELLENVERZEICHNIS

TEXTNACHWEIS

S. 6f. P. Thomas Heck SVD, Ein neues Jahr. Predigtimpuls am Hochfest der Gottesmutter Maria 2011, © P. Thomas Heck SVD.
S. 7, 19, 121 aus: P. Dr. Eckhard Bieger SJ, Feste & Brauchtum im Kirchenjahr. Entstehung, Bedeutung und Traditionen, © 2015 St. Benno Verlag GmbH, Leipzig.
S. 8, 46, 110 aus: Manfred Becker-Huberti, Das Brauchtum im Kirchenjahr. Entstehung, Bedeutung, Tradition, © 2009, St. Benno Verlag GmbH, Leipzig.
S. 9 Elisabeth Blaß, Gedanken zum neuen Jahr, © Alle Rechte bei der Autorin.
S. 9, 21, 33, 47, 61, 73, 87, 99, 111, 123, 135, 147 (Tipp) aus: Sr. Hedwig, Mein Klostergarten, Rezepte und Kräutertipps, © St. Benno Verlag GmbH, Leipzig.
S. 11, 63 aus: Himmlische Rezepte im Kirchenjahr, St. Benno Verlag GmbH, Leipzig, © Alle Rechte bei den Autoren.
S. 12ff. Erich Kästner, Die vier archimedischen Punkte, aus: ders., Die kleine Freiheit © Atrium Verlag, Zürich 1952 und Thomas Kästner.
S. 18 Anja Weiffen, Ein gutes Gefühl, © Alle Rechte bei der Autorin.
S. 20 Manfred Becker-Huberti, In Sack und Asche – Aschermittwoch, aus: ders., Palmzweig, Kreuz und Himmelfahrt, © 2017, St. Benno Verlag GmbH, Leipzig.
S. 21 Astrid Meyer, Endlich, © Alle Rechte bei der Autorin.
S. 23, 113, 137 Buchweizen mit Ragout von Roten Rüben; Blitz-Minestrone; Bunte Gemüsenudeln, © Curhaus Marienschwestern GmbH.
S. 24ff. Andreas Knapp, Einfach leben, © Alle Rechte beim Autor.
S. 27 Maria Radziwon, Kehr um, © Alle Rechte bei der Autorin.
S. 27 (Reisetipp) aus: Dirk Klingner, 555 x entdecken. Kirchen, Klöster, Kathedralen, © St. Benno Verlag GmbH, Leipzig.
S. 30 Sr. Jordana Schmidt OP, Tabgha – hier kommt meine Seele zur Ruhe, aus: Orte für die Seele im Heiligen Land, St. Benno Verlag GmbH, Leipzig, © Alle Rechte bei der Autorin.
S. 32 aus: Unsere Heiligen. Porträts, Attribute, Legenden, Patrozinien, © St. Benno Verlag GmbH, Leipzig.
S. 35, 49, 75, 89, 101, 125 aus: 40 Fastenrezepte aus der Natur, © St. Benno Verlag GmbH, Leipzig.
S. 36f. P. Reinhard Körner OCD, Mit Jesus unterwegs nach Golgota – XV. Station: Gott hat Jesus aufgeweckt!, aus: Reinhard Körner, Unterwegs mit dir, Jesus, © 2007, St. Benno Verlag GmbH, Leipzig.
S. 36, 37, 50, 70 Joh 14,2; Lk 24,5–7; Mt 28,1–6; Joh 20,25; Ps 84,6–8 Einheitsübersetzung der Heiligen Schrift © 2016 Katholische Bibelanstalt GmbH, Stuttgart. Alle Rechte vorbehalten.
S. 38ff. Mascha Kaléko, Brief ins Blaue ..., aus: dies, Das lyrische Stenogrammheft. Kleines Lesebuch für Große, Copyright © 1978 Rowohlt Taschenbuch Verlag GmbH, Reinbek bei Hamburg, Würzburg 1995.
S. 44f. P. Anselm Grün OSB, Der Herr ist mein Hirt – Psalm 23, aus: Anselm Grün, Vertraut dem guten Hirten, © 2022, St. Benno Verlag GmbH, Leipzig.
S. 45 Psalm 23, aus: Münsterschwarzacher Psalter, © Abtei Münsterschwarzach/Vier-Türme GmbH, Verlag, Münsterschwarzach.
S. 47 Maria Stiefl-Cermak, Magnolie, © Werner Stiefel.
S. 50 Andrea Schwarz, Ehrenrettung für Thomas, aus: dies., Auf ein Wort – Biblische Pausen für den Alltag, © Verlag Katholisches Bibelwerk GmbH, Stuttgart 2015.
S. 51 Reinhold Ruthe, Du kommst zu mir, aus: ders., Gönn dir eine stille Zeit. 365 geistliche Impulse, © 2015, St. Benno Verlag GmbH, Leipzig.
S. 51 Walter Rupp SJ, Thomas, aus: ders., Gottesdienste für heute, © 1979, Tyrolia Verlag, Innsbruck, Wien, München.
S. 52ff. Reinhold Stecher, Der Stecken, aus: ders, Fröhlich und ernst unter der Mitra, © Tyrolia Verlag, Innsbruck; Wien 1997.
S. 55 Carlo Maria Kardinal Martini, Gebet, aus: ders., Was allein notwendig ist. Jesusnachfolge nach dem Lukasevangelium, © dt. Übersetzung Verlag Herder GmbH, Freiburg i. Br. 1992.
S. 55 (Reisetipp) aus: Dirk Klingner, Den Heiligen auf der Spur. Wallfahrtskirchen, Wirkungsstätten, Reliquien, © St. Benno Verlag GmbH, Leipzig.
S. 58f. Papst Franziskus, Unruhe schaffen, © Libreria Editrice Vaticana, Città del Vaticano.
S. 60 Martina Liebhäuser-Haggenmüller, Fronleichnam, © Alle Rechte bei der Autorin.
S. 64ff. Peter Biqué, Die klassische Variante; Über den Wolken, © Alle Rechte beim Autor.
S. 67, 141 aus: Dirk Klingner, Reiseführer Wallfahrtsorte, Raststätten für die Seele, © St. Benno Verlag GmbH, Leipzig.
S. 70f. Andrea Schwarz, Pilgern – mit dem Weg wächst die Kraft, aus: dies., Die Sehnsucht geht weiter. Vom Jakobsweg und den Pilgerwegen des Lebens, © Patmos Verlag. Verlagsgruppe Patmos in der Schwabenverlag AG, Ostfildern 2023, www.verlagsgruppe-patmos.de
S. 72 Patricia Fritsch, Gott will das ganze Herz oder nichts – Herz-Jesu-Fest, © Alle Rechte bei der Autorin.
S. 76f. Johannes Schmidt, Halbzeit im Jahreskreis, aus: ders., Fromm durchgeharkt © 2022, St. Benno Verlag GmbH, Leipzig.
S. 78ff. Heike Wendler, Ein überraschendes Wiedersehen, aus: dies., SeelenPflaster, © St. Benno Verlag GmbH, Leipzig.
S. 81 (Reisetipp) aus: Dirk Klingner, Reiseführer Pilgerrouten. Wege für die Seele, © St. Benno Verlag GmbH, Leipzig.
S. 84f. aus: Günther Klempnauer, Glaubwürdig. Jahrhundertzeugen im Gespräch über Gott und die Welt, © 2021, St. Benno Verlag GmbH, Leipzig.
S. 86 Martina Liebhäuser-Haggenmüller, Grün, © Alle Rechte bei der Autorin.
S. 87 Jörn Heller, Glück, © Alle Rechte beim Autor.
S. 93, 105, 117 (Reisetipp) aus: Dirk Klingner, Orte der Stille, Orte des Glaubens. Die schönsten Kirchen, Klöster, Kathedralen. 365 Porträts für jeden Tag, © St. Benno Verlag GmbH, Leipzig.
S. 96f. Sr. Teresa Zukic, Die Nacht, die alles änderte, aus: dies., Na toll, lieber Gott. Mein verrücktes Leben © 2019, erweiterte Nachauflage, St. Benno Verlag GmbH, Leipzig.
S. 98 Gabriele Greiner-Jopp, Mariä Himmelfahrt – alles Gute kommt von oben, © Alle Rechte bei der Autorin.
S. 102ff. Ephraim Kishon, Die Rache des zweiten Gebotes; Übung macht den Meister oder Briefe auf Umwegen, aus: Ein Apfel ist an allem Schuld. Gebrauchsanweisung für die Zehn Gebote, © 1994, Langen Müller in der F. A. Herbig Verlagsbuchhandlung GmbH, München Berlin.
S. 105 Dom Hélder Câmara, Sag Ja zu den Überraschungen, aus: Dom Hélder Câmara, Mach aus mir einen Regenbogen, © 1981 Pendo Verlag in der Piper Verlag GmbH, München, 8. Aufl., S.44.
S. 108f. aus: Marion Küstenmacher, Von der Freude einfacher Dinge, © 2022, St. Benno Verlag GmbH, Leipzig.
S. 114 Stefanie Heckl, Im Fluss, © Alle Rechte bei der Autorin.
S. 115 Martina Liebhäuser-Haggenmüller, Der Herr segne deinen Sonntag, © Alle Rechte bei der Autorin.
S. 115 Martina Liebhäuser-Haggenmüller, Lebendiges Wasser, © Alle Rechte bei der Autorin
S. 117 Maria Radziwon, Schenke mir Augen, © Alle Rechte bei der Autorin.
S. 120 Anke Schwarze, Herbstzeit, © Alle Rechte bei der Autorin, http.//www.wie-schwarze-tinte.de/
S. 122 Elisa Vogginger, Weggefährten im Gebet: Franz und Klara von Assisi, © Alle Rechte bei der Autorin
S. 123 Michaela Trieb, Herbstzeitgelüste, © Alle Rechte bei der Autorin.
S. 126ff. Siegfried Lenz, "Hintergründe einer Hochzeit", aus: Siegfried Lenz, Der Geist der Mirabelle. Geschichten aus Bollerup, © 1975 by Hoffmann und Campe Verlag, Hamburg.
S. 129 (Reisetipp) aus: Dirk Klingner, Die Schönen am Meer. Kirchen an der Nord- & Ostseeküste, © St. Benno Verlag GmbH, Leipzig.
S. 132 Jürgen Werth, Wenn ich kaum noch beten kann, aus: ders, Er ist mir täglich nahe, © 2022, St. Benno Verlag GmbH, Leipzig.
S. 134, 145, 146, 150 Manfred Becker-Huberti, 11.11. Wer teilt, gewinnt! – Sankt Martin; Alles hat seine Zeit – Adventssonntage; Rorate-Messen; Warten lernen, aus: Manfred Becker-Huberti / Brigitte Goßmann, ADVENTfasten, © 2022 St. Benno Verlag GmbH, Leipzig.
S. 138f. Stephanie Schwenkenbecher, Sonntagsruhe; Keinen Finger krumm machen, © Alle Rechte bei der Autorin.
S. 139 Lorenz Maierhofer, Hör in den Klang der Stille, Text und Musik: Lorenz Maierhofer © HELBLING, Rum bei Innsbruck.
S. 140 Adalbert Ludwig Balling, Pater Pirmins Südafrikareise, aus: Reinhard Abeln / Adalbert Ludwig Balling / Johannes Kuhn, Zum Glück ist man nie zu alt, © 2021 St. Benno Verlag GmbH, Leipzig.
S. 144 Bischof em. Joachim Wanke, In Freude das Fest erwarten, aus: Friede sei mit euch. Gedanken zu Advent und Weihnachten von Joachim Wanke, © 2004, St. Benno Verlag GmbH, Leipzig.
S. 147 Regina Franziska Fischer, ADVENIRE, © Alle Rechte bei der Autorin.

S. 149 Luciabrötchen, aus: dies., Unser Leben auf dem Bergbauernhof, © 2021, St. Benno Verlag GmbH, Leipzig.
S. 151 Brigitte Goßmann, Wach auf, meine Seele damit ich zum Leben erwache, aus: Manfred Becker-Huberti / Brigitte Goßmann, ADVENTfasten, © 2022 St. Benno Verlag GmbH, Leipzig.
S. 152ff. Hermann Multhaupt, Das gestohlene Jesuskind, aus: ders., Weihnachtsnacht & Kerzenschein. Das große nostalgische Weihnachtsbuch, © 2020, St. Benno Verlag GmbH, Leipzig.
S. 155 Papst Johannes XXIII., Gebet eines armen Hirten, © Libreria Editrice Vaticana, Città del Vaticano.
S. 155 (Reisetipp) aus: Dirk Klingner, Maria. Wallfahrtskirchen, Pilgerwege, Museen, © St. Benno Verlag GmbH, Leipzig.

Wir danken allen Inhabern von Textrechten für die Abdruckerlaubnis. Der Verlag hat sich bemüht, alle Inhaber von Rechten in Erfahrung zu bringen. Für zusätzliche Hinweise sind wir dankbar.

BILDNACHWEIS

S. 2f. © stock.adobe.com/zicksvift; S. 4f. © stock.adobe.com/bereta; S. 6 © stock.adobe.com/Анатолий Савицкий; S. 7 © stock.adobe.com/Daniele; S. 8f © stock.adobe.com/Simone; S. 9 oben © Lucien Lenzen; S. 9 unten © stock.adobe.com/TwilightArtPictures; S. 10f. © stock.adobe.com/greens87; S. 11 © draganica/Shutterstock; S. 14 © stock.adobe.com/standret; S. 15 © CSvBibra/CC-BY-SA-3.0 (Wikimedia Commons); S. 16f., 150 © stock.adobe.com/New Africa; S. 18 © stock.adobe.com/Galyna Andrushko; S. 19 © Böhringer Friedrich/CC-BY-SA-3.0 (Wikimedia Commons); S. 20 © stock.adobe.com/Godong Photo; S. 21 © stock.adobe.com/gtranquillity; S. 22 © picture-alliance/dpa/Goebel; S. 22f. © stock.adobe.com/Paansaeng; S. 23 © Curhaus Marienschwestern GmbH; S. 24 © stock.adobe.com/ThomBal; S. 25 © Gerd Neuhold; S. 26f. © stock.adobe.com/cloudless; S. 27 © stock.adobe.com/Hans und Christa Ede; S. 28f. © stock.adobe.com/Li Ding; S. 30 © kavram/Shutterstock; S. 31 © picture-alliance/dpa/Horst Galuschka; S. 32 © DyziO/Shutterstock; S. 33 © stock.adobe.com/Iurii Kachkovskyi; S. 34f., 100f. © stock.adobe.com/Naturestock; S. 35 © Joerg Lantelme/Shutterstock; S. 36 © stock.adobe.com/paul; S. 37 © stock.adobe.com/ Franz Gerhard; S. 40f. © stock.adobe.com/Ulrich Kolb; S. 41, 50 © Kunstverlag Josef Fink, Lindenberg/Allgäu; S. 42f. © stock.adobe.com/Ju_see; S. 44 © stock.adobe.com/onneur; S. 45 © stock.adobe.com/rdonar; S. 46 © stock.adobe.com/bilderstoeckchen; S. 47 © stock.adobe.com/Ruckszio; S. 48f., 62f., 124f. © stock.adobe.com/SimpLine; S. 49 © stock.adobe.com/FomaA; S. 51 © stock.adobe.com/Bashkatov; S. 54f. © stock.adobe.com/shamm; S. 55 © stock.adobe.com/Pixel62; S. 56f. © stock.adobe.com/Laura Pashkevich; S. 58 © stock.adobe.com/Kaesler Media; S. 60 © stock.adobe.com/Harry Kübler; S. 61 © stock.adobe.com/Yasonya; S. 63 © stock.adobe.com/st-fotograf; S. 66f. © stock.adobe.com/Mark; S. 67 © Th1979/CC-BY-SA-3.0 (Wikimedia Commons); S. 68f. © stock.adobe.com/Subbotina Anna; S. 70 © stock.adobe.com/Claudio; S. 71 © stock.adobe.com/dedi; S. 72f. © stock.adobe.com/Matauw; S. 73 © stock.adobe.com/Natika; S.74 © stock.adobe.com/rudi1976; S. 74f. © stock.adobe.com/Olga Moonlight; S. 75 © stock.adobe.com/deraugenzeuge; S. 76 © stock.adobe.com/Olena Rudo; S. 77 © stock.adobe.com/Marmel; S. 80f. © stock.adobe.com/Lichtwolke99; S. 82f. © stock.adobe.com/Smileus; S. 84 © picture-alliance/Heinrich Sanden/Heinrich Sanden; S. 85 © stock.adobe.com/reeel; S. 86 © stock.adobe.com/Günter Albers; S. 87 © stock.adobe.com/nataliazakharova; S. 88 picture-alliance/akg-images/Walter Limot/Walter Limot; S. 88f. © stock.adobe.com/castecodesign; S. 89 © stock.adobe.com/Lukas Gojda; S. 92f. © stock.adobe.com/Sina Ettmer; S. 93 © stock.adobe.com/Stefan Gräf; S. 94f. © stock.adobe.com/icemanphotos; S. 96 © stock.adobe.com/manusapon; S. 97 © pedesign.de/P. Eichler; S. 98f. © stock.adobe.com/alho007; S. 99 © stock.adobe.com/margo555; S. 100 © picture alliance/United Archives/United Archives/kpa; S. 101 © stock.adobe.com/elena_hramowa; S. 104f. © stock.adobe.com/Björn Wylezich; S. 105 © stock.adobe.com/mh90photo; S. 106f. © stock.adobe.com/ fotoknips; S. 108 © stock.adobe.com/fox17; S. 109 © stock.adobe.com/Birgit Puck; S. 111 © stock.adobe.com/womue; S. 112 © Schiwago/CC-BY-SA-3.0 (Wikimedia Commons); S. 112f. © Merggy/Shutterstock; S. 113 © stock.adobe.com/nata_vkusidey; S. 114 © Sr. Regina Lehmann; S. 115 © stock.adobe.com/Frank Thelen; 116f. © stock.adobe.com/Rolf G. Wackenberg; S. 117 © stock.adobe.com/Blickfang; S. 118f. © stock.adobe.com/Mrql; S. 120f. © 2015 KNA, www.kna-bild.de – Nutzungsrechte vorbehalten; S. 121 © 2016 KNA GmbH, www.kna.de, All Rights Reserved; S. 122 © stock.adobe.com/Manuel; S. 123 © stock.adobe.com/Tim UR; S. 124 © KNA-Bild; S. 125 © Katrinshine/Shutterstock; S. 128 © stock.adobe.com/Udo Kruse; S. 129 © stock.adobe.com/desico; S. 130f. © stock.adobe.com/Pasko Maksim; S. 132, 135 © stock.adobe.com/Markus Mainka; S. 133 © epd-Bild/akg-images; S. 134 © stock.adobe.com/Countrypixel; S. 136 © Wolfgang Sauber/CC-BY-SA-4.0 (Wikimedia Commons); S. 136f. © stock.adobe.com/ksaey; S. 137 © Rudolf Laresser, Curhaus Marienschwestern GmbH; S. 139 © stock.adobe.com/Kati Lenart; S. 140f. © stock.adobe.com/Monkey Business; S. 141 © Rabanus Flavus/CC-BY-SA-1.0 (Wikimedia Commons); S. 142f. © stock.adobe.com/agneskantaruk; S. 144 © stock.adobe.com/vitaliymateha; S. 145 © stock.adobe.com/nruedisueli; S. 146 © stock.adobe.com/marcelheinzmann; S. 147 © JIANG HONGYAN/Shutterstock; S. 148 © picture alliance/SvenSimon/FrankHoermann/SVEN SIMON; S. 148f. © stock.adobe.com/SG- design; S. 149 © stock.adobe.com/uckyo; S. 151 © stock.adobe.com/asiandelight; S. 154f. © stock.adobe.com/michaklootwijk; S. 155 © stock.adobe.com/Nicola Simeoni

Bibliografische Informationen der Deutschen Nationalbibliothek
Die Deutsche Nationalbibliothek verzeichnet diese Publikation in der Deutschen Nationalbibliografie; detaillierte bibliografische Daten sind im Internet über http://dnb.d-nb.de abrufbar.

Besuchen Sie uns im Internet:
www.st-benno.de

Gern informieren wir Sie unverbindlich und aktuell auch in unserem Newsletter zum Verlagsprogramm, zu Neuerscheinungen und Aktionen. Einfach anmelden unter www.vivat.de.

ISBN 978-3-7462-6290-1

Covermotiv: Wallfahrtskirche Madonna del Sasso in Orselina bei Locarno, Kanton Tessin (Schweiz), © elitravo/Shutterstock
Redaktion: Dirk Klingner, Leipzig
Umschlag: Ulrike Vetter, Leipzig
Gesamtherstellung: Kontext, Dresden (A)